Die rauhbeinigen Zwerge von Mecklenburg

Die rauhbeinigen Zwerge von Mecklenburg

Sagen von den Ünnerierdschen (Unterirdischen)

*

Neu erzählt
von
Kurt Biesalski

Mit Illustrationen
von Britta Matthies

HINSTORFF

Die Deutsche Bibliothek – CIP-Einheitsaufnahme
Biesalski, Kurt:
Die rauhbeinigen Zwerge von Mecklenburg :
Sagen von den Ünnerierdschen (Unterirdischen) / neu erzählt von
Kurt Biesalski. Mit Ill. von Britta Matthies. - 1. Aufl. -
Rostock : Hinstorff, 1999
ISBN 3-356-00809-9

1. Auflage 1999
Druck und Bindung: Werner Söderström Osakeyhtiö-WSOY
Printed in Finland
ISBN 3-356-00809-9

Inhalt

Von Prellereien und dreisten Garstigkeiten

Von Gold und Glück und ihrer unendlichen Endlichkeit

Von Wegelagerei, Hochzeitsplünderei und anderen Streichen

Vom Petermännchen im Schweriner Schloß

Die Ünnerierdschen verlassen Mecklenburg

Eine Visitenkarte

Von den Ünnerierdschen in Mecklenburg

Zu Beginn der nachfolgenden Geschichten sei zunächst die Frage erlaubt: Hat es sie denn überhaupt gegeben? Das Rätsel rankt sich um jene kleinen Männlein, die nur so groß gewesen sein sollen, als daß sie einem ausgewachsenen Bauern, wenn sie einander gegenüberstanden, etwa bis zu den Knien reichten. Glaubt man der Sage, so haben jene Männlein in grauer Vorzeit neben den Menschen das alte Land Mecklenburg wie eine zweite Population bevölkert. Allerdings überwiegend unter der Erde, während sie die Dörfer und Felder, die Städte und Wege weitgehend den Menschen überließen, zu denen sie nur gelegentlich Zutritt nahmen – dann aber frech, dreist und auch unbekümmert, wie es eben ihre Art war; und manchmal auch aus blanker Not. Unterhalb von Ortschaften und Städten, so geht die Sage, hätten sie es den Menschen gleichgetan und ganze Labyrinthe von Gräben und Gängen angelegt. Selbst über große Entfernungen, wo oberirdisch für Mensch und Fuhrwerk Wege verliefen, hätten sie ihre Wandergänge geschaffen, um dann ungestört durchs ganze Land ziehen zu können. Mit Namen nannte man sie Ünnerierdsche (Unterirdische), Mönnken (Männchen) oder auch Zwerchen (Zwerge); auch Petermönnken (Petermännchen) kommt als Gattungsname vor.

Hat es sie nun gegeben oder nicht? Diese Frage erhebt sich unausweichlich, wenn man die mecklenburgische Sagenwelt durchsucht und dabei hier und da, wenn auch nur am Rande, dennoch in fast allen Gegenden, auf die Sagen von den kleinen Ünnerierdschen stößt. Zu Unrecht scheinen sie im Vergleich zu anderen Sagen ein Schattendasein zu führen, sind vielleicht deshalb weitgehend unbekannt geblieben und über Zeiten sogar fast vergessen worden. Den Rübezahl aus Böhmen – gut, den kennt man. Besser noch die Heinzelmännchen von Köln. Die sind durch das

Gedicht von August Kopisch schon Generationen ans Herz gewachsen. Aber die Ünnerierdschen aus Mecklenburg? Doch schenkt man den Sagen Glauben, scheinen sie in dem Landstrich zahlreicher vorhanden gewesen zu sein, als alle Heinzelmännchen und unterirdischen Wesen in anderen deutschen Landen zusammengenommen.

Hat es sie also vielleicht doch gegeben ...? Der Altmeister und Sammler der mecklenburgischen Sagenwelt, Richard Wossidlo, verläßt sich in dieser Frage mit allerdings augenfälligem Wohlwollen auf die unzähligen einfachen Menschen aus den Dörfern, die er um alte Sagen befragt und deren Auskünfte er protokolliert hat. „Wo uns' Vörwäsers fast an glöwt hebben", schreibt er, „wat siet Moses-Tiden her dörch de Johrhunnerten sik fuurtfohrt hett, dat kann nich all bloot Dudelkraam un ut' n Wind gräpen sien ..., dor mööt wat mank sien von urolle Weisheit un Wohrheit, un ok 'n goden Druppen Sinnigkeit un Schönheit mööt dor anhängen, süß hadd uns' Mäkelborger Volk dat nich mit so 'ne grote, faste Leew' hägen un plägen künnt."[1] Und er verweist darauf, daß die geographischen Namen, wie Menschen sie schon in alten Zeiten vergaben, sehr oft auch von der Erinnerung an die kleinen Männlein hergeleitet sein dürften – Namen, die über das ganze Land verstreut sind, besonders für einzelnstehende Berge: Mönnkenbarg (Wossidlo kennt neun Mönnkenberge in Mecklenburg), Zwerchenbarg, Ünnerierdsch-Barg. „De heiligsten von allen Zwerchen-Barg' sünd in Mäkelborg de Petersbarg (Petermönnkenbarg) ... bi Swerin, de Bodderbarg in Warlin, de Wiewerbarg ... bi Malchow, un de Hog' Naun in Mustin"[2], schreibt er. Und wie um sich eines anerkanntermaßen Größeren zu versichern, fährt er dann fort: „Schon Jakob Grimm hat darauf hingewiesen, daß die Zwerge in manchen deutschen Volkssagen ein unterdrücktes Volk darstellen, das im Begriff steht, die alte Heimat den neuen mächtigeren Ankömmlingen zu überlassen. Neuere Forscher aber vermuten, daß sich vor allem in den deutschen Zwergensagen Erinnerungen an eine zwerghafte Urbevölkerung erhalten haben. Es ist nicht unmöglich, daß darauf mecklenburgische Überlieferungen hindeuten: ‚Früher hebben hier ganz lütt Lüd' wohnt, de sünd naher verdräben ...' Oder: ‚lehrst hebben de ganz Lütten hier haus't ...' u.a.m."[3]

Doch verlassen wir die Ebene der wissenschaftlichen Hypothese, und wenden wir uns lieber den alten Sagen selbst zu! Nehmen wir sie also einzeln zur Hand, und lassen wir sie in unserer Phantasie wieder auferstehen. Welch eine wundersame Welt umfängt uns unversehens, wenn wir den alten Erzählern nachhorchen und die näheren Umstände des einfachen, täglichen Lebens hinzufügen, welche dazumal wohl ebenso allgegenwärtig waren wie heute. Denn menschliche Ambitionen, ethisches Verhalten, aber auch miese Tricks, insbesonders jene, den Kleineren, Schwächeren übers Ohr zu hauen, das alles hat sich seitdem um keinen Deut geändert. Und so entstanden die schönsten Sagen überall dort, wo Menschen und Ünnerierdsche aneinandergerieten und beide Seiten jeweils ihre Tugenden oder Untugenden an den Tag legten. Daß der Autor die nachfolgenden Geschichten in der Regel mit einem gewissen Liebreiz und Schalk zugunsten der kleinen Männlein versehen hat, ist einfach seiner Vorliebe für die Schwächeren geschuldet; man mag es ihm verzeihen. Zudem, so scheint ihm, haben sie es wirklich verdient. Denn auch in den ältesten Erzählungen sind es mehr sie als die Menschen, denen Geradheit, Ehrlichkeit und leicht zu betrügende Naivität zugestanden wird. Und wo sie andersartig auftreten, da haben sie es von den Menschen gelernt, nachdem sie von ihnen geprellt worden waren.

Was müssen wir also zum Verständnis des Lebenswandels unserer kleinen Sagenhelden noch wissen? – Vorrangig vielleicht dies: Die Ünnerierdschen traten gewöhnlich in Scharen auf, wobei sie aber für Menschen unsichtbar blieben, solange sie ihre Käppchen auf dem Kopf trugen. Nur wenn sie diese einmal abnahmen, um mit jemandem zu reden, oder wenn sie sie im Getümmel verloren, dann konnte man sie unversehens erblicken. Ansonsten aber lebten die kleinen Männlein tagein, tagaus ganz unbekümmert und guter Dinge in ihren Labyrinthen unterhalb der Dörfer und Städte. Von dort aus hatten sie Zugang zu den Vorratskellern der Häuser, was für sie lebenswichtig war. Woher sonst sollten sie denn ihre Nahrung nehmen? So plünderten sie als gewohnt stille Teilhaber bis zu einem gewissen Grade die Vorräte der Leute. Auf dem flachen Lande, wird berichtet, hätten die munteren Wesen oft einfachheitshalber in Schuppen, Ställen oder Scheunenwinkeln der Bauerngehöfte gehaust, vor allem aber im Inneren einzelnstehender Berge, wo sie Schätze aus uralter Zeit bewachten. In solchen Bergen sollen auch ganze Sippschaften sogar ihre Gewerke betrieben haben. Und selbst von Kühen ist manchmal die Rede, welche sie darin gehalten hätten – große, ausgewachsene Rinder, die sie tagsüber unter die Herden der Bauern mischten. Und mancherorts auch Pferde. Was allerdings die Größe der Pferde anbetrifft, da driftet die Überlieferung weit auseinander. Denn sosehr die Ünnerierdschen die großen Pferde der Bauern geliebt hätten, so gibt die Sage ihnen auch gern kleine, ihrer Größe angemessene Pferdchen zur Seite, wenn es sich um ihre eigenen Rößlein handelte.

Im allgemeinen, so hört man, wären die Ünnerierdschen ein vergnügliches Völkchen gewesen. Sie liebten lustige Streiche, Spiel und übermütiges Gaudi. Viele Berichte stimmen auch darin überein, daß sie oft von festlich gedeckten Tischen aßen. Solche Tischlein trugen sie ohne größeren Anlaß aus ihren Bergen heraus oder aus Schuppen mitten auf Bauernhöfe, und sie deckten sie mit Tafelgeschirr aus Silber und purem Gold. Dann setzten sie sich allesamt ringsum auf kleine Bänke und Stühle und zechten, daß es eine Freude war. Vor allem dem Bier sprachen sie dabei kräftig zu. Bekanntermaßen brauten sie es sich selbst; und es gereicht ihnen zur Ehre, daß sie die Gerste, welche sie immer in größeren Mengen für ihr Braugeschäft benötigten und manchmal gleich fuderweise von den Bauern kauften, anständig bezahlten. Ebenso anderes Korn, wie Roggen und Weizen, das ihnen als gewöhnliches Nahrungsmittel diente. Ihre größte Delikatesse aber bestand, wie wir noch sehen werden, aus Erbsen.

Vielerorts geht die Sage, daß die Ünnerierdschen den Menschen halfen, wenn diese in Not gerieten; andererseits sollen sie aber auch manchen Schabernack mit ihnen getrieben haben. So wären sie besonders den Bürgersleuten in den Städten eine ewige Pein gewesen, wenn sie deren Keller plünderten, wobei sie mitunter ungeniert lärmten. Kam so ein Bürger dann die Treppe heruntergeeilt, fand er alles in heilloser Unordnung: das Heringsfaß war umgekippt, das Mehl lag verstreut, es fehlte vom Schinken, vom Eingeweckten und vom Bier. Von den Veranstaltern des Durcheinanders aber war nichts mehr zu sehen. Andere Sagen wieder berichten, daß sie sich dabei sehr ordentlich betragen und einsichtig mit den Menschen geteilt hätten.

Insgesamt muß die Zeit, in der die Ünnerierdschen im Mecklenburgischen lebten, voll von sonderbaren Ereignissen gewesen sein. Einige Geschichten reichen noch bis in unsere Zeit herüber. Sie erzählen uns von der Pfiffigkeit der kleinen Kerlchen, von ihrer etwas belächelnswerten Verschlagenheit, nicht zuletzt aber auch von ihrer Verläßlichkeit und Geradheit. Für die Leute muß es damals aber ziemlich schwer gewesen sein, mit ihnen auszukommen. Denn was nicht zu vergessen ist: Es gab wohl keinen Augenblick, wo sie sich allein wähnen konnten. Nichts konnten sie verheimlichen, denn die Kleinen – einzeln oder in ganzen Scharen – waren unsichtbar so ziemlich allgegenwärtig. Sie hörten alles, sahen alles und trafen dann ihre Maßnahmen.

Sei es also dahingestellt, ob es sie denn auch wirklich gegeben hat oder nicht. Sie haben ihre Legenden hinterlassen, und diese zeugen von den poetischen Phantasien jener, die einst in diesem Landstrich gelebt haben – wundervolles kulturelles Erbe also. Und wenn die Geschichten unserer Vorväter allein durch die mündliche Überlieferung Jahrhunderte überlebt haben und durch die Vielfalt und Lebendigkeit sogar den Eindruck erwecken, das alte Mecklenburg wäre dazumal möglicherweise wirklich von einer Art zweiter Population bevölkert gewesen – den kleinen Ünnerierdschen nämlich –, dann wollen wir sie heute dankbar entgegennehmen und einfach augenzwinkernd an sie glauben. Angesichts des großen Schatzes von schönsten Ünnerierdschensagen sollten wir zu diesem kleinen Augenzwinkern allemal Manns genug sein. Denn, um noch einmal an Richard Wossidlo zu erinnern, „dor hängt n' goden Druppen Sinnigkeit un ok Schönheit an", Wesenszüge also, die uns in unseren nüchternen Tagen sicher wohltuend entgegenkommen.

Kurt Biesalski

---

[1] „Wo unsere Vorfahren fest dran geglaubt haben, was sich seit Moses Zeiten her durch die Jahrhunderte fortgesetzt hat, das kann nicht bloß dummes Zeugs und aus der Luft gegriffen sein ..., da muß schon etwas dran sein von uralter Weisheit und Wahrheit, und auch ein guter Tropfen Sinnlichkeit und Schönheit muß daran hängen, sonst hätte unser Mecklenburger Volk es nicht mit so großer, fester Liebe hegen und pflegen können."

[2] „Die heiligsten von allen Zwergen-Bergen sind in Mecklenburg der Petersberg (... Petermännchenberg) ... bei Schwerin, der Butterberg in Warlin, der Weiberberg ... bei Malchow und die ‚Hohe Nonne' in Mustin."

[3] „‚Früher haben hier ganz kleine Leute gewohnt, die sind nachher vertrieben worden ...' Oder: ‚Zuerst haben die ganz Kleinen hier gehaust ...'"
Aus: Richard Wossidlo: „Von de lütten Ünnerierdschen", Rostock, 1925.

Menschen und Ünnerierdsche als Nachbarn

Der wandernde Backtrog von Stralendorf

Für Lehrer Bullerjahn, wenn er so vor der Klasse stand, war die Welt ganz einfach eingerichtet: Da gab es Gott und die Engel auf der einen Seite und den Teufel auf der anderen, und dazwischen nichts; davor und daneben auch nichts. Keine Riesen, keine Spukgeister und schon gar keine Ünnerierdschen. Nun wäre Hinnerk Toppmöller ja gern ein guter Schüler gewesen und hätte es ihm vorbehaltlos glauben wollen – wenn er nicht seine eigenen Erfahrungen gemacht hätte ...

In seiner Schlafkammer, wenn er abends nicht einschlafen konnte, hörte er manchmal ein Schieben und Scharren draußen an der Wand, wie wenn dort jemand mühselig den Versuch unternahm, zum Fenster hochzuklettern. Und wenn er dann aufblickte, sah er einen struppigen kleinen Kopf hereinschauen und gleichzeitig ein kleines Fäustchen, das an die Scheibe pochte. Dann stieg Hinnerk aus dem Bett, weckte die Mutter und sagte: „Mutter, sie sind schon wieder da!" Die Mutter stand dann ebenfalls auf und öffnete die Haustür so lange, bis das Wehen an ihren Beinen vorüber war. Dann schloß sie die Tür wieder und machte sich auf, um den Backtrog aus der Gerümpelkammer zu holen.

Nun stand Hinnerk im Flur, hörte leises Kichern und Gedränge vor sich, sah aber nichts. Damit ihm die Zeit nun nicht lang wurde, fragte er: „Seid ihr wieder alle sechs da?" Darauf hörte er ein bestätigendes „Hm ..." von schräg unten; und gleich darauf sah er sie in einer Reihe vor sich stehen, sechs kleine Zwerglein, jedes etwa kniehoch. Er sah noch die Bewegung ihrer Ärmchen, mit der sie sich gleichzeitig die Mützen und Käppchen von ihren struppigen oder kahlen Schädeln zogen. So standen sie eine Weile barhäuptig da und grinsten ihn an. „Und wenn ihr euch wieder unsichtbar machen wollt?" fragte dann Hinnerk. Da setzten sie sich – schwupp – ihre Mützchen wieder auf, und im selben Moment war nichts mehr von ihnen da, als nur noch ihr Atem. „Nein, nein, zeigt euch wieder!" sagte Hinnerk darauf. „Ich sehe euch ganz gern." Im Nu standen die Kerlchen wieder in Reihe vor ihm und grinsten verlegen.

„Seid ihr auch manchmal bei Lehrer Bullerjahn?" fragte Hinnerk nach einer Weile. – „Hm ...!" nickten sie allesamt eifrig. – „Aber er will nicht glauben, daß es euch gibt!" Da schüttelten die Männlein sich bald aus vor lauter Lachen. Sie hauten sich gegenseitig in die Rippen, und einer schlug sich vor Gaudi sogar mit den Händchen auf die Schenkel. „Da macht ihr wohl bloß Unsinn?" – „Hm ...!" bestätigten sie grinsend durch vieldeutiges Kopfnicken, nachdem sie ihr Lachen verschluckt hatten.

„Wie macht ihr es eigentlich, daß ihr immer bis an mein Fenster reicht?" fragte Hinnerk. Darauf winkte ihm eines der kleinen Kerlchen, er möge ihnen folgen. Geschwind eilten sie hinaus, und Hinnerk ging hinterher. Draußen überzeugten sie sich, daß er ihnen auch zuschaute, und dann bauten sie sich wie eine Pyramide unter seinem Fenster auf: Unten stellten sie sich zu dritt, zwei stiegen auf deren Schultern, und der letzte, der mit dem borstigen Schädel, mühte sich bis ganz obendrauf. Sein Kopf reichte gerade zwei Fingerbreit über die Fensterbank. Er drehte sich um und lachte Hinnerk zu. Hinnerk ging die paar Schritte vor, stellte sich neben sie und sagte: „Mensch, seid ihr aber klein! Ich kann einfach so reingucken."

Darauf gingen sie wieder zurück in den Flur, stellten sich auf und schubsten sich verlegen mit den Ellenbogen, bis schließlich Hinnerks Mutter kam und ihnen den alten Backtrog reichte. „Ich habe die Molle noch ein wenig geschrubbt", sagte sie. Die Kerlchen nickten und verbeugten sich artig, als wollten sie sich dafür bedanken. Dann hievten sie sich das hölzerne Gefäß auf die Schultern, drei auf jeder Seite, und noch während die Mutter ihnen die Tür öffnete, setzten sie sich ihre Käppchen und Mützchen wieder auf und waren im Hinausgehen schon nicht mehr zu sehen. Da wanderte nur der Backtrog zwei Fuß über dem Erdboden wackelnd und schaukelnd davon. Hinnerk und seine Mutter konnten ihn sehen, so weit das schwache Licht aus dem Flur auf die dunkle Straße fiel. Dann gingen sie wieder zu Bett.

Anderntags, Hinnerk konnte wieder nicht einschlafen, hörte er abermals das Scharren unter dem Fenster – der Kopf tauchte auf, und dann pochte es leise. „Mutter, sie sind wieder da!“ Als die Mutter die Tür öffnete, stand nur der Backtrog quer vor der Tür, wunderbar fein gereinigt, und mitten darin lag ein kleines braunes Brot, kaum größer als eine Männerhand. Es hatte wohl ursprünglich die Form eines Ünnerierdschen gehabt, aber durch das Backen war es auseinandergelaufen: Die Füße waren zu groß, der Körper zu breit und die Mütze nur wenig spitz. Und dieses Gebäck war dann jedesmal Hinnerks Schulbrot für den nächsten Tag.

Ja, Hinnerk Toppmöller wollte gern ein guter Schüler sein. Er bemühte sich zu glauben, daß es da nichts zwischen Gott und den Engeln einerseits und dem Satan andererseits gab. Nichts davor, dazwischen und daneben, wie Lehrer Bullerjahn mit Nachdruck betonte. Wenn da bloß nicht sein Schulbrot im Ranzen gewesen wäre ...! Und es zeigte sich auch bald, daß Hinnerk an diesem Tage sehr unaufmerksam war. Das Lesen gelang ihm schlecht, beim Rechnen lag er meist daneben, und beim Schreiben auf der Tafel verunglückten ihm die Buchstaben. Denn Hinnerk war fortwährend mit dem einen Gedanken beschäftigt, was er wohl alles für einen Brocken von seinem Brot erhandeln könnte: Von Hannes Niemeyer vielleicht die Gummischleuder, von Jochen Hingst ein klappbares

Taschenmesser und von Knut Vietinghoff eine Dose Regenwürmer zum Angeln. Ja, Hinnerks Brot schmeckte königlich. Das wußten alle in der Klasse, und sie gaben alles dafür her. So fühlte Hinnerk sich mit seinem Brot im Ranzen an diesem Vormittag auch tatsächlich wie ein König. Den größten Teil aber, den dicken, ausgelaufenen Laib würde er für sich selbst behalten. Denn köstlicheres Brot als das von seinen kleinen unsichtbaren Freunden hatte Hinnerk Toppmöller noch nie und nimmer nirgendwo gegessen ...

Das Fußballspiel vor der Wismarer Mönchskirche

Einst spielten vor der Wismarer Mönchskirche ein paar Knaben Fußball. Es waren rechte Straßenjungen, wie man sie jederzeit in Städten und Dörfern auf freien Plätzen antreffen kann: Ihre Hosen waren zerschlissen, manch einem war die Jacke zu groß, und anderen wieder schienen die Schuhe, mit denen sie die Schweinsblase über den Platz trieben, zu klobig. Allesamt aber kämpften sie verbissen um jeden Vorteil, wobei sie gehörig lärmten und beträchtliche Staubwolken aufwirbelten. Mal trieb die eine Mannschaft die andere in die Enge und umgekehrt, und so wogte der Kampf hin und her. Der ernsthafte Wille zu siegen, ließ indessen bei keiner der beiden Mannschaften nach, denn dem Wettstreit schien ein eifriges Publikum beizuwohnen.

Oben von den Luken der Mönchskirche herab hörten die Knaben nämlich anerkennendes Raunen, manchmal auch Anfeuerungsrufe und zuweilen sogar Gejohle, sobald eine Mannschaft die andere in Bedrängnis brachte. Und vereitelte ein Torhüter durch eine tollkühne Parade einen schon sicher geglaubten Treffer, dann erklang augenblicklich beifälliges Händeklatschen. Aber hätten die Fußballspieler auch noch so oft hinaufgeschaut, es war dort nichts zu sehen, die Luken schienen leer zu sein. Doch zollten die Knaben, das muß erwähnt werden, dem johlenden Volk oben in den Maueröffnungen nur geringes Interesse. Anscheinend handelte es sich bei solcherlei Publikum um eine alltägliche Angelegenheit.

Mit zunehmendem Spielgeschehen aber, und je tolldreister die Angriffe vorgetragen wurden, flog im Eifer des Gefechts mal hier, mal da ein Mützchen am Gemäuer in die Höhe. Für einen Augenblick sah man dann ein kleines Kerlchen in einer der Luken stehen, welches sein

Käppchen aber sogleich wieder auffing, es sich aufsetzte und sofort wieder in Unsichtbarkeit verschwand. Nach und nach flogen immer mehr Mützchen in die Höhe, wobei es sich zeigte, daß die Schaulustigen in den unteren Luken grüne Mützchen in die Höhe warfen, jene in den oberen Luken aber rote. Und während das Kampfgetümmel auf dem Platz mal zur einen Seite wogte und mal zur anderen, flogen entweder die roten oder die grünen Käppchen in die Höhe.

Schließlich schien es zu einer Mißstimmung unter den beiden Parteien gekommen zu sein. Man pfiff sich gegenseitig aus und beschimpfte einander laut. Für eine Weile herrschte plötzlich völlige Ruhe in den Luken, bis aus dem Inneren des Turmgemäuers derbes Geräusch und Geschrei wie von einer mächtigen Keilerei herüberdrang. Und alsbald tauchten allein die Grünbemützten in den unteren Luken wieder auf und jubelten ihren Favoriten zu, während die oberen Luken fortan leer blieben. Als dann aber zum Ende des Spiels hin die Gegner den Günstlingen der grünen Fangemeinde den Ball ins Tor setzten, sah man, wie die Kerlchen verdrossen abwinkten und sich enttäuscht aus der Luke entfernten, bevor sie sich ihre Käppchen wieder aufsetzten.

Doch als das Tor gefallen war, hatte es ein Ünnerierdscher vor lauter Schreck verpaßt, sein Mützlein wieder aufzufangen, so daß es bis auf den Platz zu den Spielern herunterfiel. Da bückte sich ein Knabe und warf es ihm hinauf, bevor er sich wieder dem Spiel zuwandte, gerade so, als hätte er einem kleinen Geschwisterchen sein Spielzeug zurückgeworfen.

Der allzu gerechte Bauer aus Hamberge

Ein Bauer aus Hamberge war durch Krieg und schlechte Zeit in so tiefe Not geraten, daß er einfach nicht mehr aus noch ein wußte. Eines Tages beschloß er, seinem Leben ein Ende zu setzen. Für sein letztes Geld kaufte er sich einen Strick, mit dem wollte er sich aufhängen. Als er so an einer alten Eiche nach einem Ast hinaufspähte und währenddessen das Seil in den Händen wog, sprach ihn unversehens ein kleines Männchen an, das vor ihm stand. – Warum er denn so an dem Baum hinaufblicke, wollte es vom Bauern wissen. Der Bauer sagte, so und so stünden die Dinge, er könne nicht mehr Weib und Kinder ernähren, und nun wolle er seinem Leben ein Ende bereiten. – „Das ist aber ein ziemlich häßlicher Tod“, gab das Männlein zu bedenken. Der Bauer wußte darauf nichts zu erwidern und zuckte mit den Schultern. Da griff das Männchen kurzentschlossen in die Hosentasche und reichte dem Bauern einen ledernen Beutel. „Komm, da hast du hundert Taler“, sagte es. „Aber ich gebe sie dir nur unter einer Bedingung: Du mußt alle Jahre ein Feld mit Erbsen bestellen! Und wenn es dir wieder besser geht, bringst du mir die Taler zurück. Komm zum Iserberg und klopfe an den großen Stein. Mein Name ist Lehnort. Dann werde ich herauskommen.“

Nach und nach brachte der Bauer seine Wirtschaft wieder in Schwung. Er kaufte sich gesunde Kühe und zwei kräftige Pferde für den Pflug. Alle Jahre aber achtete er sorgsam darauf, daß er ein Feld mit Erbsen besäte. Sobald die Erntezeit kam, pflückten die Ünnerierdschen sie in einer einzigen Nacht ratzekahl ab. Das war für den Bauern immer eine erwartungsvolle Zeit. Er ließ sich abends am Feldrand nieder und wartete, bis es irgendwo an einer Seite des Ackers zu knistern begann. Dann lauschte er mit stiller Zufriedenheit ins Dunkel hinein, wie sich ein leises Knistern und Rascheln über das ganze Feld hin ausbreitete, und wie auch in seiner Nähe die Büschel, wie von unsichtbaren Schlägen getroffen, zu Boden fielen. Erhob er sich danach am Morgen, war der ganze Acker verwüstet, das Kraut lag flach, und keine Erbse war mehr daran zu finden. Er schaute über das völlig abgeerntete Feld und atmete zufrieden durch: Er hatte seiner Pflicht wieder einmal Genüge getan.

Endlich kam die Zeit, wo der Bauer das geliehene Geld wieder zurückzahlen konnte. Er zählte hundert Taler ab, ging zum Iserberg und pochte an den großen Stein. Da kam aber ein anderes Männchen hinter dem Stein hervor. Das hob bedauernd die Schultern und sagte: „Dein Freund Lehnort lebt nicht mehr. Aber noch vor seinem Tod hat er gesagt, wir sollen dir die hundert Taler schenken".

Da dachte der Bauer: „Wenn die Sache so ist, sollte ich das Geld vielleicht meinen Nachbarn geben, die damals wie ich in Not geraten sind!" Er teilte die Taler in drei gleiche Teile, suchte seine Nachbarn auf und schenkte jedem seinen Anteil, wobei er ihnen ausdrücklich auftrug, alle Jahre ein Feld mit Erbsen zu bestellen. Die Nachbarn dankten ihm über alle Maßen, verbeugten sich ein ums andere Mal und versprachen, alles gewissenhaft auszuführen. Doch als der Bauer im nächsten Frühjahr über die Äcker schaute, war nur sein Feld mit Erbsen bestellt.

„Erbsen ...? Ach weißt du, die mag ich nicht", gab ihm der erste Nachbar zur Antwort. „Ich esse lieber Bohnen!" Der zweite kratzte sich verlegen den Schädel und sagte: „... so 'nen großen Schlag mit Erbsen bestellen ..., das ist mir einfach zu schade. Ich habe lieber Kartoffeln gepflanzt!" Er hatte sich, wie er stolz zeigte, eine Kalesche gekauft, mit einem Paar feuriger Rappen davor.

Und den dritten Nachbarn traf er gar nicht erst an. Der hatte seine Fensterläden geschlossen und war für ein halbes Jahr in ein fernes Land gereist, um sich auszuruhen. „Nein, man kann keinen Menschen zu seinem Glück nicht zwingen ...!“ murmelte der Bauer auf dem Heimweg vor sich hin.

Und wie er richtig vermutete, konnten sich seine Nachbarn auch tatsächlich ein Jahr ums andere nicht aus ihrer mißlichen Lage befreien. Sie fuhren schlechte Ernten ein, und das Vieh brüllte in den Ställen vor Hunger.

Dem Bauern selbst aber geriet alles zum Guten. Weder Dürre, Sturm noch Hagelschlag konnten seine Felder verwüsten; und selbst in Zeiten großer Mißernten brachte er volle Scheuern ein. So lebte er mit Weib und Kindern glücklich und zufrieden bis an sein Lebensende. Wenn er aber am Stein auf dem Iserberg vorbeikam, zog er jedesmal seinen verknifften Bauernhut und sagte leise: „Ich dank’ dir auch, mein kleiner Freund Lehnort ...!“

Das Flachsspinnen in Brahlstorf

In Brahlstorf lebte einmal eine Bäuerin, die sehr freundlich zu den Ünnerierdschen war. Überall auf ihrem Hof liefen sie umher, es mochten fünfzehn oder auch fünfundzwanzig sein, die die Bäuerin ständig irgendwo gewahrte. Und die Kleinen hatten schon längst alle Vorsicht außer acht gelassen, ob sie nun mit oder ohne Käppchen umhertollten, so sorglos fühlten sie sich dort. Wenn die Bäuerin mit dem Eimer zur Pumpe ging, um Wasser zu holen, so rannte schon immer ein halbes Dutzend von ihnen voraus; sie reckten sich zum Schwengel hoch, griffen ihn und schwangen sich hinauf, damit die Bäuerin es beim Pumpen leichter hätte. Im Garten zogen sie ihr die Möhren aus dem Erdboden, und wenn sie sich beim Kochen mal nach einem Ei umsah, dann liefen sie allesamt zum Hühnerstall hinüber und trugen in ihren Schürzen jeder eines herbei. Die Bäuerin lachte dann und schüttelte belustigt den Kopf.

Natürlich trieben die kleinen Kerlchen auch allerlei Unsinn auf dem Anwesen. So rannten sie mit dem Hofhund um die Wette, setzten sich auf die beiden Hähne und trugen richtige Hahnenkämpfe miteinander aus, wie ehemals die Ritter auf ihren Pferden. Und der freche Gänserich, der sie immer beißen wollte, lag eines Tages tot da – dem hatten sie einen Knoten in den Hals geschlungen.

Einmal aber geriet die Bäuerin in arge Verzweiflung. Sie war allein zu Hause und hatte soviel Flachs und Hede zu spinnen, daß die Arbeit einfach nicht zu schaffen war. Hoffnungslos stand sie im offenen Scheunentor, schaute auf den großen Haufen rohen Flachses und schüttelte mutlos den Kopf. Da stürmten plötzlich die Kleinen an ihr vorbei in die Scheune hinein, griffen sich jeder eine handliche Portion davon und machten sich dann auf der

Tenne breit, indem sie anfingen zu spinnen. Anfangs waren es fünfzehn, zwanzig, dreißig, dann waren es fünfzig, achtzig, einhundertzwanzig. Es wurden mehr und mehr, die Bäuerin konnte gar nicht so weit zählen. Und der Platz auf der Tenne wurde zu klein, die Kleinen bedrängten einander, rutschten zur Seite, machten einander Platz und füllten die Fläche ganz und gar aus. Dabei werkelten sie emsig und ohne Unterlaß. Und während sie so spannen, lächelten sie der Bäuerin zu, und manch einer hob auch mal sein Ärmchen in die Höhe und rief ein „Hallo!" zu ihr herüber, und die Bäuerin lächelte zurück.

Bald boten ein paar von ihnen der Bäuerin an, das Garn auch gleich kochen und waschen zu wollen, doch dazu benötigten sie einen großen Kessel. Einen solchen hatte die Bäuerin aber nicht. Da entsann sie sich, daß die Nachbarin einen Kessel besaß und ging sogleich hinüber, um sich diesen auszuleihen.

Die Nachbarin aber war eines von jenen Weibern, die immerfort und in allem das Böse wittern. „Was, das Garn wollen sie kochen?" sagte sie. „Daß du dich mal nicht irrst. Ich sag dir eins: Die wollen nicht das Garn, die wollen dich kochen! Bei den vielen Männekens, da kannst du dir gar nicht helfen. Die packen dich und werfen dich in den Kessel, und dann ist es aus mit dir. Nee, nee, traue niemals den Ünnerierdschen! Das rate ich dir." Darauf erschrak die Bäuerin sehr, und gutgläubig wie sie war, fragte sie nun die Nachbarin, wie sie sich wehren und was sie dagegen tun könne.

„Am besten du gehst zurück und rufst laut: ‚Der Butterberg brennt! Der Butterberg brennt!'" antwortete die. „Dann laufen sie alle zusammen weg, denn im Butterberg lebt ihre ganze Sippschaft. Und sobald der letzte vom Hof ist, nimmst du 'nen Besen und stellst ihn fix quer vor die Tür. Dann kann kein einziger von ihnen wieder reinkommen."

Die Bäuerin tat, wie ihr empfohlen. In ihrer Angst ging sie zurück, stellte sich auf die Stufe vor die Haustür und rief mit bänglicher Stimme: „Der Butterberg brennt! Der Butterberg brennt!“ Da ließen die kleinen Kerlchen alles fallen und liegen und rannten wie besessen davon.

Ein älterer Ünnerierdscher aber, der ihr schon oft aufgefallen war, weil er nicht mehr der Schnellste war, blieb schon nach wenigen Schritten stehen. Er drehte sich um und sagte: „Das ist aber nicht anständig, Frau, was du da mit uns machst.“ Daraufhin vergrub die Frau ihr Gesicht in der Schürze, so sehr schämte sie sich. Doch dann warf sie schnell den Besen vor die Tür und verschwand im Haus.

Die Kleinen aber, sagt man, hätten sich nie wieder auf ihrem Hof blicken lassen. Der große Hof blieb leer, leer blieben die Scheune und die Ställe. Die ganze schöne Kurzweil war dahin. Der Hund langweilte sich zu Tode, der Pumpenschwengel setzte Rost an, und die Bäuerin wurde allmählich gemütskrank. Nur die Nachbarin, wenn sie mal herüberkam, verkündete stolz: „Bloß gut, daß du sie vertrieben hast. Die hätten dich sonst gekocht.“

Eine Männerfreundschaft in Rittermannshagen

Ein Bauer in Rittermannshagen, einem Dorfe auf halbem Wege zwischen Waren und Malchin, hatte einst zwei schwere Kaltblüter – braune Wallache mit schwarzen Mähnen und schwarzen Schwänzen und so mächtigen Haarpuscheln an den Fesseln, daß ihre Hufe darunter beinahe verschwanden. Wenn sie im Gespann vor dem Wagen gingen, waren ihre Hinterbacken rund und gewaltig und zeigten keine Anzeichen von Kraftanstrengung. Kaschdan hieß der linke Gaul im Gespann, Moritz der rechte.

Nun hatte der Bauer einen Stallknecht, welcher sich weder durch besonderen Fleiß noch durch Umsicht auszeichnete; der abends oftmals vor Müdigkeit am Tisch einschlief oder aber die Liebste im Nachbardorf aufsuchte und darüber das Abfüttern der Tiere ganz und gar vergaß. Und doch waren die beiden Pferde so prächtig genährt, daß jedermann im Dorfe sich den Kopf darüber zerbrach.

Der Grund dafür war ein Ünnerierdschenmännchen, das in die beiden Pferde, und besonders in den prächtigen Kaschdan, geradezu vernarrt war. Es hatte sich von unten her einen Ausgang bis unter die Krippe gegraben und verbrachte nun die Tage und Nächte bei seinen Lieblingen. Waren sie gefüttert, so stolzierte es in der Krippe hin und her und schob mit seinem Stiefelchen das Futter zu den mahlenden Mäulern, oder es pulte Kletten aus den Fesselpuscheln an den Hufen heraus, die sich am Tage dort verfangen hatten. Nachts strich das Männlein unablässig um die im Stehen schlafenden Kolosse herum, klopfte besänftigend auf ihre Schenkel, unterquerte ihre Bäuche und sprach beruhigend auf sie ein, bis es sich schließlich hinter die Krippe legte und selbst ein wenig schlief.

Als der Knecht einmal viel zu spät von seiner Braut zurückkam und zum Abfüttern erschien, erhielt er, als er sich der Krippe näherte, einen so gewaltigen Schlag ins Gesicht, daß er sich dreimal um sich selbst drehte. Er wußte nicht einmal, woher der Schlag gekommen war. Da sah er, daß die Pferde längst getränkt und gefüttert waren – in der Krippe fand er Reste von Hafer und auch feuchtem Lein vor, den die Pferde sehr gern schlurften, welchen er selbst aber nicht fütterte, weil er rar war. Das wiederholte sich so einige Male.

Einmal aber, als der Knecht nach langer und mühseliger Feldarbeit am Abendbrottisch eingeschlafen war und erst gegen Mitternacht hastig in den Stall gelaufen kam, trat unter dem breiten Pferdebauch des Kaschdan ein kleines Männchen hervor. Das hatte eine kurze Jacke an und Hosen, die ihm nur bis zu den Waden reichten, und sein Haar glich dem Stachelfell eines Igels.

„Ich hab sie schon gefüttert", sagte das Männlein. – „Wer bist denn du?" wunderte sich der Knecht. „Hast du mir etwa die Maulschellen verpaßt?" – „Knecht, laß mich reiten!" bat das Männchen daraufhin. „Ich möchte allzu gern einmal auf Kaschdan reiten. Bloß, ich bin zu klein, ich komm nicht auf ihn rauf." – „Du und reiten!" lachte da der Knecht. „Mit deinen kurzen Beinen mußt du ja Spagat auf seinem breiten Rücken machen!" – „Knecht, laß mich reiten!" bat das Männlein aber aufs neue. Da schaute der Knecht sich um, ob auch niemand in der Nähe wäre und hob das Kerlchen schließlich hinauf. „Es ist ja nicht zum Schaden!" dachte er bei sich und beobachtete das Männchen, wie es beglückt oben auf dem Pferderücken saß, die Beinchen spreizte und mit seinem kleinen Rücken die Bewegungen eines freien Galopps vollführte. Nach einiger Zeit nahm der Knecht das Männlein wieder herunter. – „Knecht, du kannst immer so spät kommen, wie du nur willst, ich werde die

Pferde immer abgefüttert haben", sagte das kleine Männlein darauf.

Da begann für den Knecht eine schöne Zeit. Oft kam er erst spät in der Nacht aus dem Nachbardorf zurück, und wenn er dann in den Stall schaute, standen die Pferde satt und zufrieden da und schliefen. Dann setzte er das Männlein für eine Weile auf den Rücken des Kaschdan und schaute ihm zu, wie es gedankenverloren in eine glückliche Ferne galoppierte.

Eines Tages aber sprach das Männlein: „Knecht, ich will draußen auf der Straße reiten!" – Der Knecht bekam einen gehörigen Schreck und erwiderte: „Das wird wohl nichts. Der Bauer darf davon nichts wissen. Wenn der dich sieht, dann schmeißt er mich raus!" – „Der sieht mich nicht!" antwortete das Männchen aber. „Ich setze meine Kappe auf, dann sieht mich kein Mensch!" Und als der Knecht sich einmal ganz und gar in der Zeit vertan hatte, kam er nicht umhin, dem Wunsch des Männchens Folge zu leisten. Er band den Wallach also los, gab ihm einen Klaps auf den Hintern, und während sich das Männlein sein Käppchen aufsetzte und oben auf dem Pferderücken sogleich in die Unsichtbarkeit verschwand, schritt der Wallach zur Stalltür hinaus. „Hüh, Kaschdan!" hörte der Knecht noch die näselnde Stimme des Männchens rufen. Darauf setzte sich der Wallach schon auf dem Hof in Trab, um dann auf der Dorfstraße in einen behäbigen Galopp zu fallen. Dem Bauern, der im Nachthemd aus der Haustür gestürzt kam, rief der Knecht nur zu: „Der Kaschdan hat sich losgerissen! Ich fang ihn gleich wieder ein!" Er eilte zum Tor und führte den braven Kaschdan nach einiger Zeit wieder zum Stall zurück. So geschah es nun des öfteren. Und der Bauer machte sich so mancherlei Gedanken über die nächtlichen Eskapaden seines Wallachs.

Eines Tages sagte das Männlein: „Knecht, nun will ich auch am Tage reiten!" Es war ein Sonntag, und der Knecht hatte sich die ganze Nacht nicht sehen lassen. So kam er nicht umhin, dem Wunsch seines Plagegeistes nachzugeben. Da trabte der herrliche Kaschdan also am schönsten Sonntagvormittag aus dem Stall. Und sosehr der Bauer auch seine Nase reckte: Sein stattlicher Wallach setzte sich auf der Straße in gemäßigten Schaukelgalopp, trabte bis zum Dorfende, wo er gemächlich wendete und wieder zurückgaloppiert kam.

Plötzlich versperrte ihm eine Schar Gänse den Weg. Der mächtige Gänserich fuhr dem Wallach so angriffslustig entgegen, daß das Pferd unversehens scheute und einen Satz zur Seite machte. Im selben Moment aber sahen Bauer und Knecht ein kleines Männlein vom Pferderükken runter auf die sandige Dorfstraße purzeln, wobei sein Käpplein ein Stück weiter weg zu Boden fiel.

Jetzt war Gefahr im Verzug, und während sich das Männlein aufrappelte, wandte sich der Gänseschwarm nun mit voller Angriffslust dem Kleinen zu, der sich gerade den Staub von den Ärmeln klopfte, allen voran, mit langem Hals, der starke Gänserich. Das Männlein schien unrettbar verloren. In diesem Moment stürzte der Knecht sich mitten in den krakeelenden Gänseschwarm hinein und rettete selbstlos das hilflose Männchen, indem er es hochhob, mit ihm eilends zu dem am Boden liegenden Käppchen eilte und es ihm blitzschnell über den Kopf zu stülpen suchte. Es dauerte aber seine Zeit, bis das Männlein endlich verschwunden war. Ja, es war schon viel zu spät, denn der Bauer hatte alles mit angesehen. Und weil ihm dabei ganz langsam ein Licht aufging, murmelte er: „Aha!" Und zu dem Knecht, der sich schuldbewußt dem Hoftor wieder näherte, sagte er: „Knecht, du bist entlassen!"

Der „Kartoffelkuchenberg“ in der Lübzer Gegend

Ein Ünnerierdscher war einmal nachts mit der Laterne unterwegs, um Pilze zu suchen. Das war in der Gegend von Lübz bei den Benziner Bergen. Wie wir wissen, scheuten die Ünnerierdschen manchmal die Begegnung mit Menschen, weshalb sie die Wälder am Tage meist den alten Pilzsammlerweiblein und den lauten Kinderscharen überließen und ihre Pilze statt dessen in der Nacht suchten. Der Ünnerierdsche war gerade auf dem Weg nach Hause. Er hatte drei stattliche Steinpilze im Korb und trug schwer daran. Da tauchte aus der Dunkelheit unversehens ein etwas verwirrt dreinschauender Mann auf und fragte den Kleinen nach dem Weg. Er komme aus dem Dorfe Brook, erklärte er, und wolle nach Benzin; und da er den Weg habe abschneiden wollen, hätte er sich nun verlaufen.

Ja, er wäre tatsächlich vom Weg abgekommen, erklärte der Ünnerierdsche darauf, doch wolle er ihm helfen. Und so nahm er seinen Korb wieder auf und schleppte ihn neben dem Schenkel, wie Kinder es manchmal tun, wenn sie etwas Schweres tragen und immer einen kleinen und einen großen Schritt machen. In der anderen Hand trug er die Laterne. So gingen sie beide eine ganze Weile schweigend nebeneinander einher, bis plötzlich der Duft von Kartoffelpuffern in ihre Nasen stieg. Was das wohl wäre, erkundigte sich der Mann. – „Oh, nichts weiter“, entgegnete das Männchen. Sie kämen gleich zur Heimstatt seiner Sippe, und heute wäre das Kartoffelkuchenfest!

Bald sahen sie denn auch am Rande eines Berges eine große Höhle in festlicher Beleuchtung. Und während sie sich ihr näherten, sah der Mann mehrere Feuer darin, um die herum eine Vielzahl kleiner Männlein und Kindlein in fröhlichem Lärm beieinandersaßen und gierig auf die Kartoffelpuffer warteten, welche die Weiblein für sie inzwischen in kleinen Pfannen brieten. Manche schmausten mit großem Behagen, während andere abwartend ihre Tellerchen hinhielten. „Komm, nimm Platz, und iß mit uns!" forderte das Männlein den Fremden auf. „Sei unser Gast." Der Mann aber wollte sich nicht auf die Erde setzen, und die Stühle, die die kleinen Gastgeber herbeischleppten, waren ihm allesamt zu klein. So blieb er denn inmitten der freundlichen Schar stehen und wunderte sich indessen nur, daß die kleinen Kerlchen, während sie weiter ihre Kartoffelpuffer aßen und ihn dabei anlachten, allesamt ihre Mäuler mit irgendwelchem gelben Zeugs beschmiert hatten. Es dauerte nicht lange, da reichte man auch ihm einen Kartoffelkuchen. Er prüfte mißtrauisch, was da auf dem Teller lag und stellte fest, es war nichts anderes, als eine Scheibe dunklen Brotes mit einem Kartoffelpuffer darauf, welcher mit einem gelben Aufstrich bedeckt war. „Was ist denn das?" fragte er pikiert. – „Oh, das ist nur Senf!" antwortete das Männlein. „Wir essen unsere Kartoffelkuchen immer mit Senf." Obgleich ihm der Geruch gar lieblich in die Nase stieg und sein ganzer Magen sich vor Verlangen beinahe krümmte, lehnte der Mann den hergehaltenen Teller entschieden ab: „Den Schiet eß ich nicht! Ich esse meine Kartoffelpuffer nur mit Zucker oder Konfitüre." – „Zucker und Konfitüre haben wir aber nicht. Wir essen sie immer mit Senf", entschuldigte das Männlein sich. Da drehte der Mann sich brüsk um und schritt grußlos davon. Das Männlein ergriff darauf schnell seine Laterne und eilte ihm hinterdrein. Und als es ihn erreicht hatte, ging es noch ein ganzes Stück schweigend an seiner Seite, um ihm den Weg zu weisen. Zuletzt sagte es: „Nun mußt du immer geradeaus gehen, dann kommst du zuletzt nach Benzin."

Der Mann schritt nun allein in der Dunkelheit weiter, verirrte sich aber bald aufs neue. Und als er schließlich in ein Erlenmoor geriet und nur noch von einem Riedbülten auf den anderen treten konnte, wußte er am Ende gar nicht mehr, wo Westen, Süden oder Norden war.

Wie froh war er da, als ihm unverhofft der Duft von Kartoffelpuffern wieder in die Nase stieg. Er folgte ihm und fand auch bald den Berg wieder. Doch war er ein viel zu großer Hagestolz, als daß er nun zu den Ünnerierdschen gegangen wäre und sie um Hilfe oder wenigstens um Unterkunft bis zum nächsten Morgen gebeten hätte. So versuchte er es allein. Er ging um den Berg herum, jedoch nur so weit, daß er noch den Duft in der Nase verspürte. Dabei bemühte er sich, den Weg wiederzufinden, den der Kleine ihm gewiesen hatte. Aber er fand ihn nicht und so umkreiste er den Berg ein ums andere Mal, und immer, wenn er an der Höhle der lärmenden Ünnerierdschen vorbeikam, nahm er einen gehörigen Abstand, damit sie ihn nicht entdeckten. Denn auch jetzt hätte er sich nie und nimmer überwunden und wäre zu ihnen hinübergegangen. Es grämte ihn zwar selbst, denn er hätte sehr gern in der fröhlichen Runde bei den Feuern gesessen und so manchen Kartoffelpuffer in sich hineingeschlungen; doch wäre es dann offensichtlich geworden, daß sein Stolz zu nichts nütze war! Also setzte er sich zuletzt in beträchtlichem Abstand von der Höhle auf den Waldboden. So saß er die ganze Nacht, hungerte und fror gottsjämmerlich, bis die Feuer in der Höhle nacheinander niederbrannten und der Lärm verstummte. Als es endlich hell wurde, stand der Mann auf und fand auch bald den Weg. Wenig später erreichte er sein Dorf.

Der Berg zwischen Benzin und Brook aber wird bis in heutige Zeit der „Kartoffelkuchenberg" genannt.

Der Braukessel von Teschow

Vor dem Dorfe Teschow, dicht neben der alten Sandkuhle, hatte ein Bauer sein Feld. Zur Saatzeit hatte er es mit Erbsen bestellt, und als nun die Erntezeit herannahte, ging er jeden Tag zum Feldrain, um ihre Reife zu prüfen. Wie entsetzt stand er aber mitsamt seinen Knechten da, als er am festgesetzten Morgen mit der Mahd beginnen wollte: Der ganze Acker war leer. In der voraufgegangenen Nacht hatten ihn eifrige Diebe bis auf die letzte Erbse geplündert. Niedergeschlagen trat der Bauer den Heimweg an. In seiner Verzweiflung verlangte es ihn nach nichts anderem als nach einem großen Krug Bier.

Doch die Bäuerin stand hilflos da. Das Bier war ausgegangen, und der alte Braukessel hatte ein Loch. Da entsann sie sich, daß die Ünnerierdschen, die unweit der Sandkuhle in einem Hügel hausten, einen Braukessel haben sollten, so jedenfalls ging die Rede. Also machte sie sich auf den Weg, trat an den Hügel heran und rief: „Ünnerierdsche, leiht mir euren Kessel!" Und um nicht störend dabeizustehen, wenn die kleinen Kerlchen den Kessel aus dem Berge schoben, schlenderte sie ein kleines Stück Wegs zurück und wartete ab. Als sich aber die Bäuerin dann wieder dem Hügel zuwandte, stand da tatsächlich ein blitzsauberer Kupferkessel, der so groß war, daß wohl fünf oder sechs Ünnerierdsche darin hätten baden können.

Während die Frau nun überlegte, wie sie den großen Kessel forttragen könnte und sich nach ihm bückte, kam er ihr gleichsam entgegen. Sie nahm ihn sich unter den Arm und spürte zu ihrem Erstaunen nur wenig von seinem Gewicht. Verwundert trat sie so den Heimweg an. Doch da war ihr, als ob unsichtbare Helfer den Kessel mittrügen. Manchmal hörte sie auch zänkisches Raunen, und einmal schien ihr, als ob jemand verärgert gesagt hätte: „Einbein, hör auf zu stolpern!“

Zu Hause angekommen, begann die Bäuerin wie üblich ihr Braugeschäft: Sie trug Frischbier, Hefe und die paar Zutaten herbei, die sie für gewöhnlich in den Kessel tat, um dann die Gärung abzuwarten. Doch da gingen seltsame Dinge um sie herum vor: Wiederholt öffnete und schloß sich die Speisekammertür wie von selbst; allerlei Tüten, Dosen und Gläser wanderten wie von unsichtbaren Helfern getragen in Kniehöhe zum Kessel. Dort entleerten sie sich mit Schwung in die Maische hinein: Kräuter, Pulver und Essenzen aus den entlegensten Regalen, die sie selten benutzt und schon vergessen hatte, darunter auch manches, von dem sie nicht wußte, was es war. Alles geschah, wie von Geisterhand. Um sie herum war kein Mensch zu sehen; nur ein Drehen und Wehen verspürte sie an Waden und Schürze, wie von vielen kleinen Winden, die sie sonderbar berührten. Die Frau konnte nicht anders – sie stand verwundert in ihrer Küche und ließ den Dingen ihren Lauf.

Welch ein Staunen aber, welch ein Schnalzen, Jubeln und Zuprosten, als das Bier fertig war und der Bauer sich mit seinen Knechten über das dunkle Getränk hermachte! Solch kostbares Gebräu hatten sie noch nie genossen! Und so sehr sie darüber auch rätselten, sie konnten keine Erklärung für das Wunder finden. Anderntags brachte die Frau den Kessel wieder zurück. Sie stellte ihn mit einem Krug vom Gebrauten neben den Hügel und rief: „Ünnerierdsche, ich bring euch euren Kessel wieder!“

Die Prozedur wiederholte sich so alle Jahre. Auch andere Leute aus Teschow liehen sich, seit sie von dem Wunder gehört hatten, den Kessel von den Ünnerierdschen. Doch ihr Braugetränk gelang um keinen Deut anders als gewohnt. Zudem mußten sie sich den schweren Kessel mit dem Schubkarren holen, denn niemand half ihnen dabei.

Nur der Bauer, der einer von der dickschädligen Art war, konnte es nicht verknusen, daß sein Erbsenschlag neben der Sandkuhle Jahr für Jahr geplündert wurde. Er wollte es erzwingen und säte partout auf diesem einen Schlag seine Erbsen aus. Und wenn die Erntezeit herannahte, stellte er sich Nacht für Nacht mit seinen Knechten an den Ackerrand, allesamt mit dicken Knüppeln bewaffnet. Doch alle Jahre kam dann jene ganz und gar verrückten Nacht, wo sie dachten, eine unsichtbare Schafherde zöge über den Erbsenschlag her und mache ihn mit Stumpf und Stiel nieder. Sie schlugen wie wild um sich drein, obgleich niemand zu sehen war, hieben die kreuz und die quere, wo immer sich etwas bewegte. Und alle Jahre wieder war am Morgen der Acker dennoch gänzlich leer. Der Bauer wäre darüber sicher schier verzweifelt, hätte seine Frau ihm nicht mit gutem Bier über die größte Niedergeschlagenheit hinweggeholfen. Geklärt worden aber ist das Wunder nie ...

Von der Liebe und mancherlei Lastern bei Kleinen und Großen

Der Kindestausch von Witzin

So angenehm die Ünnerierdschen auch im täglichen Umgang mitunter waren, so wird ihnen aber nachgesagt, daß sie äußerlich recht häßliche Geschöpfe gewesen wären. Von faltigen Gesichtchen ist da die Rede, von langen Nasen und langem strähnigem Haar; und in manchen Schilderungen gehört auch ein überdimensional großer Kopf zu ihrem Erscheinungsbild. Was Wunder also, wenn die von der Natur so benachteiligten Kerlchen ein besonderes Wohlgefallen an gut gewachsenen Menschen fanden und großes Verlangen danach verspürten, Wesen von so schönem Ebenmaß auch im eigenen Volke zu besitzen! So wird allenthalben von einer ihrer ärgerlichsten Marotten berichtet, daß sie nämlich ständig darauf aus waren, Neugeborene zu stehlen, selbst wenn diese noch sosehr behütet wurden. Und wo es ihnen gelang, legten sie statt dessen heimlich eines ihrer häßlichen Wechselbälger in die Wiege, so daß die jungen Mütter den Betrug über lange Zeit oft gar nicht bemerkten. Und manchmal taten sie auf ihre unbekümmerte Art einfach eines ihrer alten Weiblein hinein, denn deren hatten sie viele.

In Witzin geschah es einmal, daß einem jungen Ehepaar ein Kind geboren wurde, welches nach zwei Jahren noch nicht länger war als ein Schuh, das einen gewaltig großen Kopf hatte und absolut nicht sprechen lernen wollte. Da fragten die besorgten Eltern einen alten Schäfer um Rat. Dieser meinte, daß in ihrer Wiege vermutlich ein Ünnerierdscher läge, welcher heimlich gegen ihr leibliches Kind ausgetauscht worden wäre. Doch sie könnten darüber wirkliche Gewißheit erlangen, so riet er, wenn sie vor der Wiege in einem Ei Bier brauten und das Kind dabei zuschauen ließen. Er vertraute ihnen sogleich auch an, wie dies zu bewerkstelligen sei.

So folgten die jungen Eltern dem Rat des Schäfers. Die Frau hielt sich an sein Rezept und tat im übrigen ganz so, wie der junge Bauer verfuhr, wenn er sein Bier braute – nur im kleinen: Sie nahm die Schale von einem halben Ei, stellte sich absichtlich dicht vor die Wiege und goß, immer darauf achtend, daß das vermeintliche Kind es gut beobachten konnte, Frischbier hinein. Zuletzt fügte sie dann auch noch die Hefe hinzu. Kaum aber war das bißchen Bier in Gärung geraten, da rief das häßliche Wesen aus der Wiege heraus:

„Ich bin so alt wie Böhmer Gold.
Doch das seh' ich zum ersten Mal,
daß man Bier braut in 'ner Eierschal!"

Da war es also heraus! Da hatten die Ünnerierdschen dem jungen Paar doch tatsächlich eines ihrer alten Hutzelweibchen in die Wiege gelegt!

Was nun tun? fragten sich die Eheleute in ihrer Not. Auch da wußte der Schäfer zu helfen. Sie hielten lange Rat und beschlossen daraufhin, den scheußlichen Balg in der kommenden Nacht im Fluß zu ertränken – und dabei standen sie abermals wie unabsichtlich dicht neben der Wiege.

Als die jungen Leute dann gegen Mitternacht aufstanden und herantraten, lag zu ihrer Verwunderung und Freude nichts anderes als ein kräftiges, hübsches Kind in der Wiege. Sie erkannten es sofort wieder – es war ihr eigenes Kind. – Die Ünnerierdschen nämlich, allgegenwärtig wie sie waren, hatten die vermeintliche Gefahr für ihr altes Weiblein erkannt und es schnell wieder zurückgetauscht.

Das Mauseloch zu Göhlen

Es gibt Menschen, die anderen auch dann noch helfen, wenn jene sich fortwährend als unwirsch und sogar böse erwiesen haben.

Da lebte einmal eine junge Bäuerin in Göhlen, einem Dorfe unweit von Ludwigslust, die zeigte sich gegen jedermann grob und mißgestimmt. Ihren Hausstand hielt sie allenthalben aufs peinlichste rein; und auch Hof und Garten waren jederzeit so sauber geharkt, als ob sie hohen Besuch erwarte. Dabei schalt sie fortwährend mit der Magd, trieb sie zur Arbeit an und schlug ihr bei Gelegenheit auch mal unverfroren ins Gesicht. Und wenn die Magd sich manchmal freundlich dem Kindlein der Bäuerin zuwandte, welches vergnügt in der Wiege strampelte, dann stürmte sie so unbeherrscht auf das Mädchen zu, daß es nicht anders konnte, als die Flucht zu ergreifen und sich schnell in ihrer Kammer einzuschließen.

Die Magd hingegen war ein allzeit gefälliges Kind, welchem jedermann im Dorfe seiner Güte und schlichten Herzenswärme wegen freundlich zugetan war. Kaum der Schule entwachsen, war sie bei der Bäuerin in Dienst getreten. Ihre natürliche Liebenswürdigkeit aber verlor sie trotz der bedrückenden Stimmung im Hause nicht.

So geschah es einmal, daß die Ünnerierdschen nachts bei der Magd auftauchten und sie zu Gevatterin baten. Ein Kindlein wäre bei ihnen geboren, berichteten sie, während sie linkisch vor dem Bett standen und von einem Bein aufs andere traten; und sie hätten sie ausersehen, beim Fest Pate zu stehen. Nun war es noch niemals vorgekommen, daß die Ünnerierdschen einem Menschen in der Gegend jemals solche Ehre erwiesen hätten, und das Mädchen war sich seines Entschlusses auch nicht sogleich sicher. Doch riet ihr jedermann, den sie dazu befragte, der Einladung

Folge zu leisten, schien doch niemand dafür auserwählter und geeigneter zu sein als eben sie. Nur ihre Herrin, die zu den Ünnerierdschen in erbitterter Feindschaft stand und dieselben lieber weit weg vom Hof wußte als auch nur einen Schritt zu nah – oft genug verließ sie unversehens ihre Arbeit und lief panisch zu ihrem Kindlein ins Haus, um nachzusehen, ob es noch da wäre –, einzig die Bäuerin also verbot ihr den Besuch bei dem kleinen Völkchen entschieden.

Vom allgemeinen Wunsch und Drängen der Leute getrieben, umging die Magd aber heimlich das Gebot ihrer Herrin und machte sich am festgesetzten Sonntag auf den Weg zu den kleinen Gastgebern. Als sie so vor das Dorf trat, wurde ihr doch ein wenig bange. Wohin sollte sie sich wenden? Und was würde man ihr antun? Doch da sah sie sich schon von einer großen Schar von Ünnerierdschen umgeben, die ihr freudig zujubelten, ihre Mützchen in die Höhe warfen, und manche begrüßten sie artig mit einem Handkuß. Dann machte sich der ganze Pulk auf und wanderte wie eine vergnügliche Prozession zum Damskerberg hinüber. Hin und wieder schossen manche vor lauter Ausgelassenheit Kobolz, andere wiederum spielten Bockspringen und Greifen am Rande des Festzuges, während die Ältesten der Sippe ehrwürdig an ihrer Seite schritten.

Im Damskerberge wurde die Kindtaufe dann nach allen Regeln und Riten des heidnischen Brauches vollzogen. Man flüsterte der Magd leise zu, was zu tun sei, und sie tat es mit freundlichem Anstand und lieblicher Zuneigung für den kleinen Winzling. Ja, sie nahm ihn sogar in den Arm, streichelte ihn sanft und prägte sich seinen Namen ein, der für ihre plattdeutsche Zunge aber, trotz wiederholter lustiger Versuche, schier unaussprechbar schien. Jedenfalls fühlte sie sich vom selben Augenblick an als eine rechte Gevatterin und wußte auch um ihre Verpflichtungen für das kleine Wesen. So schien es ihr nicht weiter verwunderlich, als die freundlichen Gastgeber sie beim Abschied baten, sie möge jeden Morgen und jeden Abend, wenn sie des Bauern Kühe gemolken, eine Handvoll Milch in ein Mauseloch gießen, das sich an der Schwelle vor der Tür zum Kuhstall befände. Sie versprach, den Wunsch gewissenhaft befolgen zu wollen, denn sie wußte, daß es sich um eine kleine Fürsorge für das ihr anempfohlene Patenkind handelte.

Zu Hause fand die Magd jenes Loch an der Schwelle schnell, und sie goß nach jedem Melken einen guten Schwapp frischer, schäumender Kuhmilch hinein. Eines Tages aber überraschte die Bäuerin sie dabei. Als diese sie strikt befragte, was das zu bedeuten hätte, erläuterte die Magd ihr den Grund und gestand ihrer Herrin zugleich, daß sie ihr Verbot übergangen hätte. Statt aller Antwort erhielt sie darauf einen heftigen Schlag ins Gesicht, und ehe sie sich's versah, eilte die Bäuerin schon mit einem Topf kochenden Wassers herbei. Wie sehr sich die Magd auch widersetzte und ihrer Herrin in den Arm fiel, die Bäuerin fand den Augenblick und goß das kochende Wasser ins Mauseloch hinein.

Im selben Augenblick aber vernahmen sie das gräßliche Aufschreien eines Kindes. Beide wußten sofort – es kam vom Hause her. Da rannten Bäuerin und Magd Hals über Kopf zur Kammer des Bübleins und fanden es entsetzlich schreiend in seiner Wiege liegen, über und über von frischen Brandwunden bedeckt. Die Bäuerin hob ihr so gepeinigtes Kind verzweifelt an die Brust und suchte es zu trösten, doch die Magd sah mit raschem Blick, daß das Büblein unrettbar verloren war.

Da machte sie sich auf und eilte zum Damskerberge hinüber. Dort angekommen, kniete sie, alle Kränkungen vergessend, die sie jemals von ihrer Herrin erlitten hatte, vor einem Steine nieder und bat flehentlich: „Meine lieben, lieben kleinen Freunde! Das ist eine allzu harte

Strafe! Ich bitt' euch, macht sie ungeschehen und gebt dem unschuldigen Kind seine Gesundheit wieder!" So bat sie viele Male vor dem Stein eine lange Zeit.

Zu Hause endlich angekommen, fand sie zu ihrer größten Freude das Kind in der Wiege vor, unverletzt und mit fröhlichem Gekreische. Voll Dankbarkeit nahm sie es empor und drückte es an die Brust. Doch die Bäuerin schalt sie eine dumme Gans, riß ihr das Büblein aus den Armen und schickte sie fort zur Arbeit. Auch beim nächsten Zusammentreffen in der Küche war ihre Herrin nicht weniger barsch. Daran änderte sich auch später nichts – ganz und gar so, als ob inzwischen nicht das geringste geschehen wäre ...

Der Kindestausch zu Spornitz

Einem jungen Bauernpaar in Spornitz – das liegt auf halbem Wege zwischen Neustadt-Glewe und Parchim – wurde ein Kind geboren. Die Freude der jungen Eltern war groß, denn sie liebten einander sehr. Das Büblein erwies sich alsbald als gesund und von angenehmstem Erscheinungsbild an Leib und Gliedern. Die junge Mutter ließ nicht nach, es immer wieder zu liebkosen; und der Bauer pfiff und trällerte den ganzen Tag lang bei der Arbeit vor sich hin, war ihm doch der Erbe geboren! Weil nun aber die Ünnerierdschen auf ihrem Hof allgegenwärtig waren und das junge Paar auch wohlunterrichtet über deren Hang zum Kindesraub war, ließ die junge Bäuerin ihr Neugeborenes um keinen Wimpernschlag aus den Augen. Und der Bauer hielt sich stets in der Nähe auf, für den Fall, daß seine Hilfe gebraucht würde.

Nun lag die Bäuerin einmal im Bett und nährte ihr Büblein glücklich an der Brust, da stand auf einmal ein kleines Männchen vor dem Bett und sprach: „Ich werde dir nun deinen süßen Jungen wegnehmen. Wenn er groß ist, soll er unser König werden. Manchmal brauchen wir einen so feingewachsenen Kerl in unserem Volk. Ich lege dir dafür unseren Ünnerierdschenprinz an die Brust. Und richte dem Bauern aus, ihr beide sollt immer lieb und gut zu ihm sein, dann wird es euch an nichts fehlen.“ Als die entsetzte Mutter aufschreien wollte, kriegte sie keinen Laut aus der Kehle; und als sie ihr Büblein fest an sich pressen und das Männchen wegstoßen wollte, da lag sie trotz aller Mühen starr an allen Gliedern und konnte keinen Finger rühren. Nun nahm das Männchen ihr das Büblein von der Brust und legte ihr statt dessen ein garstiges kleines Wesen mit kantigem Schädel und dünnen Gliedmaßen in den Arm.

Als die Bäuerin endlich schreien konnte, war alles längst vorbei. Der Bauer kam zur Tür hereingestürzt, doch das Männchen war mit dem Büblein schon über alle Berge. Die Frau berichtete dem Bauern hastig, was geschehen war und stieß den Wechselbalg dabei angeekelt von sich. Der Bauer eilte sofort zur Tür hinaus. Er ergriff eine Wagenrunge und machte sich auf, um das ganze Ünnerierdschenpack auf seinem Hof zu erschlagen. Doch wo er in seiner Wut auch hinrannte – in den Holzschuppen, die Scheune, den Stall, zur Kuhtränke und wieder auf den Hof zurück – er blickte sich in seiner Verzweiflung um und konnte nicht einen einzigen mehr finden. Sie waren wie vom Erdboden verschluckt, so als hätten sie hier niemals gehaust.

Nach geraumer Zeit kamen Bauer und Bäuerin überein, den häßlichen Balg leidlich zu behandeln und ihn auf das Notwendigste zu versorgen; und nicht etwa, weil er ein Prinz war, sondern weil sie mutmaßten, ihrem eigenen Sohne erginge es dann bei den Ünnerierdschen gleichermaßen gut. So zogen sie ihn heran, wenn auch ohne Liebe, und es zeigte sich, daß er ein freches, garstiges Scheusal wurde. Doch was indessen viel schlimmer war: Seit jenem Tage, an dem sie ihr Kind verloren hatten, war die Liebe zwischen dem Bauern und seiner Frau erstarrt. Ein jeder vollbrachte stumm und in sich gekehrt sein Tagewerk, und begegneten sie sich dabei, dann sprachen sie kurz über das Notwendigste. Nur manchmal ergab es sich, daß der Bauer verbittert seiner Frau vorwarf: „Hättest du damals geschrien, ich wäre sofort dagewesen!“ – „Ich konnte doch aber nicht schreien!“ wiederholte die Frau ein ums andere Mal verzweifelt. – „Hättest du ihn wenigstens vor die Brust gestoßen! Ich wäre gekommen und hätte dem Mistkerl den Hals umgedreht!“ – „Aber ich konnte mich doch nicht bewegen ...!“ So gingen sie einmal mehr auseinander und blieben jeder für sich.

Unterdessen wuchs und gedieh ihre Wirtschaft unter ihren freudlosen Händen wie von selbst. Die Stute brachte alle zwei Jahre die prächtigsten Fohlen zur Welt; die Euter der Kühe schienen unerschöpflich, und die zahlreichen Mastschweine wurden hoch wie Bullenkälber. Auf den Feldern wuchsen alle Jahre die fettesten Ernten heran, selbst wenn der Bauer zur Saatzeit den Hakenpflug noch so lustlos geführt hatte; und im Garten brachen die Äste der Bäume unter der Last der Früchte. Es schien, als ob immer nur Sonnenschein über dem Gehöft läge. Doch manchmal trat der Bauer hinter den Stall und schaute über die Felder. Dann dachte er: „Für wen das alles?"

Das Zusammenleben mit dem garstigen Ünnerierdschenprinzen fiel ihnen indessen reichlich schwer. Der wollte nicht wachsen und war in seinem siebten Jahr nur knapp so hoch wie ein Melkschemel. Das einzige, was an ihm überhaupt zu wachsen schien, waren sein Schädel, seine spitze Nase und sein häßlicher dreister Mund. Wann immer man ihn irgendwo auf dem Hof erblickte, er war nur schmuddelig anzuschauen, so oft ihm die Bäuerin auch das Hemdchen wechselte. Er sielte sich auf dem Hühnerhof umher, wo er den Hennen die Schwanzfedern herausriß, baute sich Hütten aus Kuhfladen und Lehm und spielte im Tümpelmodder mit einem Stück Borke Schiff. Bei Tische beschmutzte er regelmäßig seinen Platz, so weit seine Ärmchen nur reichten, und sein Maul war ständig beschmiert – mit Quark, Marmelade, oder was es sonst jeweils zu essen gab. Dabei nutzte er die Zurückhaltung der geduldigen Bauersleute aus, die alles schweigend ertrugen, und wurde nur immer frecher und unverfrorener.

In seinem zwanzigsten Jahr aber verstarb der Ünnerierdschenprinz, ohne daß seine Zieheltern auch im geringsten um ihn getrauert hätten. Der Bauer legte ihn noch am selben Abend in eine hölzernen Kiste hinter den Pferdestall, dort wo sich die Ünnerierdschen dazumal immer in Scharen aufgehalten hatten. Und am nächsten Morgen war die Kiste fort.

Nun hofften der Bauer und die Bäuerin, daß ihr eigenes Söhnchen endlich nach Hause kommen würde. Er stand in seinem zwanzigsten Jahr und war sicher zu einem prächtigen Jüngling herangewachsen. So stellte der Bauer sich abends hinter den Stall, von wo aus er weit über die Felder bis zum Waldrand schauen konnte. Dort rief er laut seinen Namen. Das Echo kam vom Waldrand zurück, doch der Junge kehrte nicht heim. Der Bauer aber tat es jeden Abend wieder. Nachdem ein Vierteljahr vergangen und immer noch nichts geschehen war, machte der Bauer sich auf und ging zu allen Hügeln und großen Steinen in der Umgebung, wo er die Ünnerierdschen vermutete. Dort kniete er sich nieder und bat inbrünstig: „Ünnerierdsche, gebt mir meinen Sohn wieder! Gebt mir endlich meinen Jungen wieder! Ihr hab ihn nun lange genug gehabt!" Doch es tat sich nichts. Wenn er dann betrübt nach Hause kam, sagte er jedesmal zu seinem Weib: „Hättest du mich damals doch laut gerufen, oder hätt'st du ihn wenigstens vor die Brust gestoßen, ich hätt's ihm gegeben ...!" Der Stachel der Zwietracht saß so tief in ihnen, daß sie sich nie mehr davon erholen konnten. Und so lebten sie weiter unglücklich nebeneinanderher, bis an ihr Lebensende.

Ein Ünnerierdschenprinz will eine Magd aus Zirtow heiraten

Obgleich der Prinz einer Sippe von Ünnerierdschen, die bei dem Dorfe Zirtow lebten, ein mißlich anzuschauendes Kerlchen war, erhob er den Anspruch darauf, der Schönste und Stattlichste unter den Seinen zu sein. Dabei hatte er ein Kinn wie eine Kartoffel, anstelle der üblichen niedrigen Stirn zeigten sich bei ihm nur zwei dicke Wülste über den Augen, und seine Beine waren noch beträchtlich krummer als die der anderen. Doch er war der Prinz, und so drehte er sich mit gewölbter Brust vor seinen Untertanen und spreizte sich unentwegt, um ihre Billigung einzuholen. Die schauten ihn eine Weile an, winkten dann ab und sagten: „Ja, ja, du bist der Schönste." Das wiederholte sich so alle Tage, bis er sich zu der Anmaßung steigerte, er wolle sich ein schönes Menschenkind zur Frau nehmen.

Die Richtige war auch bald gefunden. Seine Wahl fiel auf eine Magd vom Schulzenhof, eine ansehnliche Jungfer mit langen, blonden Zöpfen, die dann eines Nachts in einem überraschenden Handstreich von einer Schar Ünnerierdscher überwältigt und entführt wurde.

Doch sosehr der Prinz ihr nun auch zu gefallen suchte, so selbstgefällig er sich vor ihr spreizte und ihr die Beschaffenheit seiner Brust- und Oberarmmuskeln vor Augen führte, das Mädchen blieb unzugänglich und würdigte ihn keines Blickes. „Das liegt daran, daß ich so klein bin! Die ist ja dreimal so groß wie ich!" dachte er verzweifelt. Und so entschloß er sich zu wachsen, bis er ihre Höhe erreicht haben würde. Das aber konnte lange dauern; und damit es nicht weglaufen konnte, wurde das Mädchen am Bein an eine lange Messingkette gebunden. Die Kette reichte so weit, daß es mit einem Eimer von einem Söller auf dem Feld des Bauern Koch Wasser herbeitragen konnte. Das tat die Jungfer nun alle Tage und klagte dabei über ihr trauriges Schicksal.

Der Ünnerierdschenprinz zerbrach sich nun den Schädel darüber, was er anstellen könnte, um an das Mädchen heranzuwachsen. Er trank allerlei Kräutlein, wie ihm die alten Weiber seiner Sippe empfahlen. Er aß eine Zeitlang Sauerteig, nachdem er das Gären des Brotes studiert hatte. Doch all das half nichts. Sein Bauch wurde davon nur rund wie eine Trommel; in die Höhe wuchs er aber um keinen Fingernagelbreit. Zuletzt baute er gar Stelzen, auf denen er gleichauf mit ihr war. So stolzierte er vor ihr herum. Aber das Mädchen blieb unbeeindruckt und schau-te traurig ins Leere. „Du Biest," dachte das Prinzlein darauf wütend und sprang von seinen Stelzen herab, „noch bin ich dir nicht gut genug! Aber warte nur, eines Tages wirst du dir noch den Hals nach mir umdrehen ...!" So überzeugt von seinem Vorhaben, zog sich das Prinzlein zurück, um über neue wachstumsfördernde Mittel nachzusinnen.

Eines Tages aber, als das Mädchen wie gewohnt das Wasser vom Söller heranholte und dabei laut sein Leid vor sich hinklagte, pflügte ein junger Knecht mit einem Hakenpflug gerade den Acker. Als er so an der Jungfer vorbeikam, sprach sie ihn schnell an, ob er sie nicht erlösen könne. Der Knecht betrachtete sie vom Kopf bis zu den Füßen und fand, daß sie eine ganz passable Dirn wäre. Wie er es denn anstellen solle, wollte er wissen. Er solle zum Schmied gehen und sich eine neue Axt anfertigen lassen, die ja auch gut scharf sein und fest auf dem Stiel sitzen müsse, unterrichtete das Mädchen ihn. Dann solle er sich das schnellste Pferdegespann nehmen und mit einem leichten Wagen und einem Eichenholzblock darauf zu eben jener Stelle kommen, wo sie immer auf dem Weg zum Söller sei. Dort wolle sie über den Block steigen, und er müsse dann mit der Axt zuschlagen und die Kette darauf zertrennen. Hierauf könnten sie auf den Wagen springen und im Galopp davonjagen.

So vor ihr stehend, nahm der Knecht den Plan der Jungfer zur Kenntnis. Und da sie ihm mehr und mehr zusagte, erfüllte er mit Sorgfalt all ihre Weisungen. Und eines Tages vollzog er wie geplant ihre Befreiung. Mit Lärm und Gezeter im Rücken jagten die beiden in wilder Fahrt auf den Schulzenhof zurück, und noch bevor der Knecht die Tür schloß, hörte er eine Stimme hinter sich: „... ihr hättet bloß ein bißchen langsamer fahren sollen, oder hätt'st du nur zweimal auf den Block gehauen, weil die Kette nicht gleich entzweiging, dann hätten wir's dir gegeben, du Schurke!"

Das Mädchen aber war gerettet, und der Knecht konnte die Tür schließen. Später, als er die Pferde ausspannte, stand plötzlich der Ünnerierdschenprinz vor ihm. Er gebärdete sich gar männlich und drehte herausfordernd seine Schultern hin und her. „Paß du mal auf, daß dich die Pferde nicht treten!" warnte der Knecht ihn. Da aber antwortete das Kerlchen in schönster Hochsprache: „Ich fordere dir zunn Duell!" – Da lachte der Bursche laut auf. Er stülpte den Pferden gerade die Kummets über die Köpfe. „Duell ...?" fragte er. „Wie soll denn das aussehen?" Doch schließlich bückte er sich zu dem Kleinen hinab und sagte: „Weißt du was? Ich hol gleich mal tief Luft, dann liegst du mir quer vor der Nase. Dann hast du dein Duell!" Darauf wandte das Männeken sich empört ab und stapfte davon.

Die Jungfrau und der Knecht feierten bald danach Hochzeit. Später übernahmen sie den Schulzenhof. Und wenn der junge Bauer seinen Acker pflügte und die Ünnerierdschen vorbeigingen, riefen sie sich ein „Hallo!" und „Wie geht's?" zu. Es war Friede zwischen ihnen.

Die kleine Melkerin von Kühlungsborn

Zu Brunshaupten – das ist heute ein Teil von Kühlungsborn – hütete einst ein Hirt den ganzen Sommer lang die Kühe des Bauern Jenning. Meist hielt er sich mit der Herde in der Nähe des Schloßbergs auf, denn dort, das wußte er, waren die besten Weiden. Und etwas Rätselhaftes ereignete sich dort, das seiner Neugier nicht entging: Jeden Morgen nämlich öffnete sich der Schloßberg um einen Spalt, und heraus kamen drei Kühe getrottet, die mischten sich unter die Rinder seiner Herde. „Was soll's! Es sind nicht meine Weiden! Und die Rinder verhalten sich kommod! Ob ich da drei mehr oder weniger hüte, was soll's also ...!“ dachte der Hirt. Doch behielt er dieses Geheimnis für sich.

Vor allem aber verschwieg er es, weil alle Tage um die Melkzeit ein kleines Ünnerierdschenmädchen aus dem Berg herauskam, um die drei Kühe zu melken. Das war schon ein wundersames Ding! Das Mädchen trug kein Käppchen, so daß es von Anfang an sichtbar war, sobald es aus dem Spalt trat – vermutlich, um als unsichtbares Wesen nicht den Hund zu irritieren. Und tatsächlich hatte sich sein braver Hütehund schon sosehr an das kleine Geschöpf gewöhnt, daß er bei seinem Erscheinen nur den Kopf hob und ihn sogleich wieder auf die ausgestreckten Vorderpfoten fallen ließ. Das Mädchen aber bot den Anblick eines gar lieblichen Wesens. Es war von zierlicher Gestalt und trug langes blondes Haar, das ihm den Rücken hinab bis zum Gürtel fiel. Doch nahm es weiter keine Notiz von dem Hirten. Mit zwei kleinen Eimerchen ging es zu seinen Rindern, stellte sich jedesmal unter sie und melkte sie so von oben herab im Stehen. Die Kühe gaben zusammen so viel Milch, daß die zwei Eimerchen voll wurden.

Der Hirt schenkte dem Vorgang weiter keine Beachtung. Im Gegenteil, er drehte und wand den Hals und blickte trotz aller Neugier wie zufällig immer gerade in jene Richtung, wo weiter nichts war als ein paar gekröpfte Weiden und niedrige graue Wolken über dem Horizont. So ging es den ganzen Sommer lang. Das Mädchen verschwand mit seinen Eimerchen alle Tage wieder im Berg, und abends ertönte ein scharfer Flötenpfiff, worauf dann die drei Kühe wieder zum Schloßberg zurücktrotteten und im Spalt verschwanden. Dem Hirten ist es dabei nicht schlecht ergangen, denn alle Mittage hat neben dem Berg ein dampfendes Mahl für ihn bereitgestanden, und abends auf der Brandwiese auch ein Krug Bier.

Einmal aber konnte der Bursche sich nicht bezähmen. Er faßte sich ein Herz, trat an das Ünnerierdschenmädchen heran und sagte: „Schade, daß du so klein bist. Ich hätte dich sonst heiraten mögen." Da hob das Mädchen wie bedauernd seine Ärmchen, seufzte einmal und machte einen zierlichen Knicks vor dem Burschen, nahm dann aber seine Eimerchen auf und ging zum Schloßberg. Der Hirt blickte ihr lange nach und dachte: „Ja, es ist wirklich schade. So ein feines Mädchen, das werde ich wohl nirgendwo nicht wieder finden."

Doch weil ihm nun wohl nach Heiraten zumute war, nahm sich der Bursche bald eine Magd aus dem Nachbardorf zur Braut. Nichtsahnend trieb er tags darauf seine Herde wieder zur Weide. Doch als die Melkzeit herannahte, trat ein anderer Ünnerierdscher aus dem Berge heraus, ein stuckiges Kerlchen mit krummen Beinen und wirrem Grauhaar auf dem großen Schädel. Das trat an ihn heran, setzte die Eimer ab und sagte: „Das Mädchen will nun nicht mehr kommen. Sie sitzt im Berg und heult sich die Augen rot. Sie sagt, sie hat dich lieb gehabt."

Der Bursche hat das Ünnerierdschenmädchen tatsächlich nie wieder gesehen. Es kam fortan immer das stukkige Kerlchen mit den Eimern daher. Und auch der Hund hatte sich schnell an den neuen Melker gewöhnt. Nur stand seitdem neben dem Mittagsmahl am Berg immer auch noch ein kleines silbernes Schüsselchen mit einer wohlschmeckenden Speise darin. Und wenn der Hirt sie aß, dann wischte er sich, um nicht weinen zu müssen, mit dem Handrücken über die Nase ...

Die schöne Sängerin von Sülsdorf

In Sülsdorf, das an der Landstraße, die von Dassow nach Lübeck führt, liegt, lebten einst ein Bauer und sein junges Weib. Beide gingen sie jeder für sich ihrem harten Arbeitsalltag nach, und so kamen sie nicht dazu, einander zu sagen, daß sie sich liebten. Der Bauer stand früh auf und fütterte die Pferde, um dann tagsüber auf dem Feld zu pflügen. An anderen Tagen karrte er Mist aus den Ställen, oder er schlug auf der Tenne mit dem Dreschflegel das Korn aus dem Stroh, daß ihm abends die Arme schmerzten. So verrichtete er des Bauern ewige Pflichten. Die Frau melkte die Kühe, fütterte das Federvieh, wusch Wäsche am Brunnen und butterte, sie schrubbte die Dielen in Küche und Stube und bereitete zwischenzeitlich die Mahlzeiten zu. So arbeiteten sie unentwegt und nahmen einander nur selten wahr. Und wenn sie sich abends zu Tisch setzten, dann hatten sie sich wenig zu sagen.

Nur manchmal pochte das Herz des Bauern heimlich auf. Das war, wenn die Frau ein Schlafliedchen sang, denn sie hatten drei Kinder, und das jüngste lag gerade erst in der Wiege. Sie hatte eine sehr schöne Stimme. Dann legte der Bauer den Dreschflegel zur Seite, wischte sich über die Stirn und lehnte sich an einen Balken. In Gedanken stellte er sich vor, wie die Frau an der Wiege stand und auf die Kufe trat, damit das Kind wieder in den Schlaf fand.

Einmal aber hörte er sie fröhlich lachen, und so zu wiederholten Malen am Tage. Das tat ihm gut, denn er dachte, sie wäre bei ihrer Arbeit unversehens auf eine Belustigung gestoßen.

Doch abends erzählte sie ihm, ein Ünnerierdscher wäre bei ihr gewesen, ein gar zu lustiges Kerlchen. Er hätte ihr immerfort helfen wollen. Auf dem Hühnerhof hätte er versucht, das Huhn zu fangen, das sie schlachten wollte und wäre dabei kräftig umhergewirbelt worden; und als das Kindlein in der Wiege weinte, wäre er flugs herangetreten und hätte versucht, mit seiner näselnden Stimme ein Liedchen zu singen. Doch das habe sie ihm dann abgenommen.

Selbiges wiederholte sich so mehrere Tage. Immer öfter hörte der Bauer seine Frau fröhlich lachen, und er dachte sich, daß das ein gut Ding sei, weil auch ihm so die Arbeit besser von der Hand ging. Nun wären es vier Ünnerierdsche gewesen, erzählte die Frau an einem der darauffolgenden Abende. Als ihr beim Buttern das Butterfaß umhersprang, hätten sie sich von allen Seiten dagegengestemmt und es festgehalten; und sobald das Kleine in der Wiege weinte, wären sie hinzugesprungen und hätten sich jeder auf ein Kufenende gestellt und so die Wiege in Schwung gebracht. Nur mit dem Singen, da wollte es so gar nicht klappen, sie hätten gar zu krächzige Kehlen. Und sie selbst hätte darüber soviel lachen müssen, daß sie ihr Liedchen nur mit Mühe hat vorbringen können.

Tags darauf waren es acht Ünnerierdsche, die ihr fleißig zur Hand gingen, bald darauf wohl siebzehn oder fünfundzwanzig – es wimmelte nur so um sie herum, berichtete sie, sie könnte sie gar nicht mehr zählen. Doch wäre es allemal kurzweiliger denn je. Und eines Tages gestand sie dem Bauern, sie fürchte sich mittlerweile vor den kleinen Männlein, denn sie wären inzwischen immer zahlreicher geworden. Und immer, wenn das Kind in der Wiege anfange zu weinen, stürmten sie allesamt hinzu und stimmten im Chor ein gar zu schaurig klingendes Lied an. Sobald sie dann selbst hinzueile, um das Ihre zu tun, schirmten sie sie mit ausgestreckten Armen ab und versuchten, sie auf jedweder Weise von der Wiege fernzuhalten. Nur unter großer Mühe könne sie an ihr Kind gelangen und ihm dort ihr eigenes Lied singen. Es schien ihr, als wäre sie in einen üblen Sängerwettstreit verstrickt, und ihre dreisten Gäste könnten nur mit Mühe anerkennen, daß sie gegen ihre schöne Stimme nicht ankämen.

„Wenn sie dich allzu sehr ärgern“, antwortete der Bauer darauf, „dann gib mir Bescheid. Dann komme ich mit der Peitsche und jage sie zum Teufel.“

Dies war das letzte Mal, daß der Bauer mit seinem Weibe sprach, denn am nächsten Tag war sie fort. Er durchsuchte das Haus, rief nach ihr. Er durchforschte die Ställe, den Hof, den Garten – nichts. Er spannte seine Pferde vor, jagte in wildem Galopp die Straßen und Wege hinaus, die nach allen Seiten aus dem Dorfe führten, doch umsonst.

So verging nun ein schlimmer Tag und eine noch schlimmere Nacht, es vergingen drei Tage und sieben Tage. Und kein Ünnerierdscher, der auf seinen Hof gekommen wäre, welchen er hätte befragen können – alles war wie leergefegt. Und so verging der Sommer und der darauffolgende Winter, und wieder ein Sommer und ein Winter mehr. Die drei Kinder wuchsen inzwischen heran. Der Bauer hatte nun neben seiner eigentlichen Arbeit auch noch alles das zu erledigen, was seine Frau immer getan hatte – all das Waschen, Buttern, Dielenpolieren, das Nähen von Hemden und Hosenflicken für die Kinder, das Bettenmachen, Essenkochen, Scheitelziehen, das Verkaufen von Milch und Eiern und jeden Herbst auch noch das Gartenumgraben. Und er tat es dennoch eher recht als schlecht. Nur wenn er abends mit geschundenen Armen auf dem Bett seiner Kinder saß, konnte er nicht singen. Dann nahm er reihum von jedem Kind einen Fuß in seine rauhe Hand, bis sie schließlich einschliefen.

Als nach Jahren der Bauer einmal vom Lübecker Markt abends nach Hause fuhr und an einem Berg vorüberkam, sah er seine Frau an dem schönen Hang sitzen, mit einem

Ünnerierdschenkind auf dem Schoße. Er hatte Gesang vernommen und erkannte sie an ihrer schönen, klaren Stimme wieder, mit welcher sie so oft seine Kinder in den Schlaf gesungen hatte. „Frau, bist du das?“ rief der Bauer laut aus und stieg beglückt vom Wagen. Und als er näher heranschritt, war sie es tatsächlich. „Komm“, sagte er und hielt der Frau die Hand hin, „komm nach Hause! Du hast mir so lange gefehlt.“ Doch die Frau tat nicht dergleichen. Sie sang weiter und wiegte den Ünnerierdschenbalg in ihren Armen und sagte endlich: „Laß mich mal hier bleiben, Mann. Ich bin die Speisen bei euch nun nicht mehr gewöhnt.“ Der Bauer aber zwang sie mitzukommen. Er ergriff sie beim Handgelenk und zog sie in die Höhe. So legte sie das Ünnerierdschenkind zur Seite und folgte dem Mann zum Wagen.

Zu Hause aber fand die Frau keine Freude mehr. Sie seufzte viel und hörte nicht zu und begrüßte die Kinder wie ferne Verwandte. Als der Bauer sie dann bat, sie möge den Kindern das Nachtlied singen, da tat sie es mit leiser Stimme und blickte in eine Ferne, die er nicht kannte. Und ihre Stimme klang brüchig, als lägen die Töne allesamt um eine Winzigkeit neben der richtigen Melodie. So welkte sie zusehends dahin und ist bald darauf gestorben.

Der Herbergsvater von Alt-Strelitz und das kleine Mädchen

Leberecht Fitzner aus Alt-Strelitz mag seinerzeit als ein wohlhabender und glücklicher Mann gegolten haben. Wohlhabend war er sicherlich, denn er besaß in der Beguinenstraße eine Herberge mit Ausschank. Nebenher nannte er noch ein paar der prächtigsten Kühe sein eigen, die alle reichlich Milch gaben, die er dann an die Leute im Ort verkaufte. Ja, glücklich schien er zwar auch zu sein, wie er da allmorgendlich hinterm Tresen stand und die Kannen und Töpfe für den Milchausschank entgegennahm: ein untersetzter freundlicher Mann mit kurzem Hals, rotem Gesicht und allzu blonden Brauen. Jedenfalls mochten ihn die Weibsleute aus Alt-Strelitz so sehen, während sie breitgesäßig und dunkel gekleidet in Leberecht Fitzners Schankstube saßen und darauf warteten, daß die Magd endlich mit dem Melken fertig würde. In Wirklichkeit aber fehlte ihm etwas an seinem Glück, eine Kleinigkeit zwar nur, die ihm aber am Herzen nagte ...

Da kam eines Morgens, während gut ein halbes Dutzend Weibspersonen schon auf die Milch warteten, ein ganz kleines, zierliches Mädchen zur Tür herein, kaum zwei Spannen hoch, mit einem Messingtöpfchen in der Hand, das war nur wenig größer als ein Eierbecher. Das Mädchen stellte sich auf die Zehenspitzen und versuchte, sein Töpfchen zu den Milchgefäßen der Wartenden hinaufzustellen. Doch reichte es bei weitem nicht heran, und so beugte sich Leberecht Fitzner über den Tresen hilfreich dem kleinen Persönchen entgegen und nahm ihm den Topf ab. „Willst du auch Milch?“ fragte er dabei hinunter, und das Mädchen antwortete: „Ja, ’n halben Pott voll.“

Vielleicht war es die niedliche Stimme des Mädchens, vielleicht war es aber auch ihr Anblick, wie sie dann ihm gegenüber scheu und verlegen zwischen all seinen Kundinnen saß und mit den wollbestrümpften Beinchen baumelte, daß der fleißige Herbergsvater nicht umhin kam, sich während seiner Tätigkeit hinter dem Tresen in Gedanken fortwährend mit dem Mädchen zu befassen. Er blickte immer mal hinüber, nickte ihr auch freundlich zu, worauf sie verlegen auf ihr Röcklein hinabblickte. Dabei überlegte er, wie er die kleine Menge Kuhmilch bemessen könnte, denn schon sein kleinstes Maß war viel zu groß für den winzigen Messingtopf, und wie vor allem sollte er sie berechnen! Denn Leberecht Fitzner war ein rechtschaffener Mann, er ließ sich in nichts dreinreden, und er rechnete sich aus, daß schon die kleinste Münze um einiges zu groß für das halbe Töpfchen Milch wäre. „Möchst auch 'n bißchen Rahm haben?" fragte er statt dessen, und das Mädchen nickte erfreut und schüchtern mehrmals schnell mit dem Köpfchen zurück. Die anderen Weibspersonen indes bewegten bei aller Neugier keinen Kopf und verzogen keine Miene, während sie dort saßen und das Interesse des Herbergsvaters an dem Kinde wohl bemerkten. „Ist sie nicht niedlich, die Kleine da", sagte Leberecht Fitzner lächelnd zu seiner Frau, als die einmal hereinschaute. Die aber blickte nur kurz zu dem Kind hinüber, als solle sie einen Kauf erwägen, sah dabei natürlich den schönen Scheitel und die kleinen roten Schleifen an den Zöpfchen des schüchternen Kindes und antwortete barsch: „Du und die Gören! Was du nur immer willst!", woraufhin sie sich auch schon umwandte und hinausging. Natürlich wußte sie, wonach ihrem braven Manne der Sinn stand, denn sie waren beide schon in den mittleren Jahren und hatten noch kein Kind. Die Magd ließ indessen immer noch mit der Milch auf sich warten.

Da kam plötzlich eine kleine Frau zur Tür herein, ein winziges Persönchen, keine Handbreit größer als das Mädchen dort. Die lief auf die Kleine zu, faßte sie beim

Handgelenk und sagte aufgeregt: „Komm, Schätzchen! Komm ganz schnell nach Hause, dein Brüderchen stirbt!“ Sie zog das Mädchen von der Bank herunter, und bevor man sich's recht versah, waren die beiden auch schon zur Tür hinaus.

Inzwischen war es hell geworden, die Kinder waren bereits auf dem Weg zur Schule. Als sie unversehens die zierliche Frau und das Mädchen Hand in Hand durch die Straßen laufen sahen, da blieben sie verdutzt stehen und schauten sich um. Die waren ja noch viel kleiner als sie selbst! Da wurden die Kinder frech. Ein Junge pfiff auf den Fingern, und an einer nächsten Straßenecke pfiff ein anderer zurück. Die kleine Frau und das Mädchen aber liefen mehr und mehr verängstigt die Straßen entlang; doch schon folgten ihnen ein paar Buben und bald darauf eine große Schar gröhlender Kinder, deren Holzpantoffel mörderisch auf den Pflastersteinen klapperten. Von überallher tauchten sie auf und jagten das Paar vor sich her, bis die kleine Frau und das Mädchen sich zu guter Letzt aus der Stadt retten konnten und über das freie Feld zum Galgenberg hinüberliefen, wo sie in einem Spalt verschwanden.

Leberecht Fitzner aber in seinem Schankraum ahnte von alledem nichts. Er schenkte den Weibern endlich die Milch aus, und schließlich stand nur noch der kleine Messingtopf vor ihm. Er wartete darauf, daß das Mädchen die bestellte Milch holte oder wenigstens den Topf. Er wartete den ganzen Vormittag lang, doch vergebens. Und auch am Nachmittag und an den darauffolgenden Tagen schaute er immer wieder mal zur Tür hinüber, ob sie sich öffnete und das zierliche Mädchen erschien. Doch es kamen wie jeden Morgen nur die drallen Stadtweiber und am Tage dann und wann einmal ein Handwerker oder ein Bauer auf ein Bier. Das Mädchen aber, sosehr er es auch herbeisehnte, es ist nie wieder gekommen. Da hat Leberecht Fitzner den kleinen Messingtopf genommen, ihn ordentlich blankgeputzt und an einen bevorzugten Platz in seiner Schankstube gestellt. Und wenn mal Fremde bei ihm einkehrten und ihn fragten, was das kleine Gefäß zu bedeuten hätte, dann lächelte er leise, schüttelte gedankenverloren den Kopf und erzählte die merkwürdige Geschichte von dem kleinen Mädchen, wie es dort drüben gesessen und mit den Beinen gebaumelt hätte. Und er schloß regelmäßig mit den Worten: „Das war aber auch ein allzu süßes Kind ...!“

Von Prellereien und dreisten Garstigkeiten

Der alte Hut in der „Speisekammer" bei Kröpelin

Zwischen Kröpelin und Kühlungsborn liegt die Kühlung, eine geschlossene Hügellandschaft mit engen, versteckten Tälern. Mächtige Buchen breiten sich weit über Hügel und Schluchten und decken mit ihren Kronen so manch altes Geheimnis zu. Eine Ecke dieses Landstrichs wird seit jeher „die Speisekammer" genannt. Sie verdankt ihre wunderliche Bezeichnung vermutlich dem Umstand, daß die Sippe von Ünnerierdschen, welche dort über lange Zeit froh und freimütig lebte, den leiblichen Genüssen noch weitaus mehr zugetan war als ihre Artgenossen andernorts. So wird berichtet, daß die kleinen Kerlchen jeden Tag um die Mittagszeit einen Tisch mit wunderbaren Speisen, Teller und Löffelchen aus dem Berg heraustrugen, daran hätten sie dann allesamt Platz genommen und sich's wohlschmecken lassen. Und wäre zufällig mal ein Reisender vorübergekommen, dann hätten sie ihn freigiebig mit Speise und Trank bewirtet.

Einmal kam ein Wanderer des Weges, der sprach dem Mahle kräftig zu. Es handelte sich wohl um einen Zimmermann, denn er soll eine Weste mit schillernden Knöpfen und einen so großen Hut getragen haben, wie ihn die kleinen Gastgeber noch nie gesehen hatten. Während sie nun ihren Gast freundlich bewirteten, gaben sie sich untereinander zu verstehen, daß sie sich unter so einem Hut, besäßen sie ihn, gleich scharenweise unsichtbar machen könnten. So warteten sie ab, bis sich der Wandersmann, nachdem er reichlich vom Gebratenen und vor allem vom Gebrauten genossen hatte, nach einem Liegeplatz umschaute und schließlich einschlief.

Bei seinen ersten Schnarchlauten eilten sie mit ihren Seilen herbei, um den Schlafenden festzubinden; denn sie wollten nachher nicht überrascht werden, wenn sie den Hut fortbrachten. Ihre Seile aber waren nicht dicker als gewöhnliche Zwirnsfäden. Eilends wickelten sie diese nun um die Westenknöpfe des Schlafenden und knoteten sie links und rechts an Haselnußruten fest. Schließlich gingen sie daran, den Hut fortzuschaffen. Doch wieviele von ihnen auch ringsum an die Krempe faßten und sich anstrengten, sie konnten den Hut nicht heben. Da holten sie acht Pferde aus dem Berge, die waren nicht größer als sie selbst. Sie spannten sie vor, und mit „Hü!" und „Hott!" und emsigem Peitschenknallen gelang es ihnen endlich, den Hut hinters nächste Gebüsch zu schleppen.

Sie hatten ihre Rößlein noch nicht einmal richtig ausgespannt, da erwachte der Zimmermann. Er gähnte, kratzte sich den Kopf und setzte sich aufrecht. Dabei merkte er gar nicht, wie ihm die Zwirnsfäden von der Brust sprangen. Langsam sah er sich nach seinem Hut um. Er stand auf, suchte – und fand ihn hinter dem nächsten Gebüsch. „Merkwürdig!" dachte er und gähnte noch einmal. „Es muß inzwischen wohl ein Wind geweht haben, daß er fortgetrieben ist!" Er nahm ein paar trockene Blätter von der Krempe, schlug den Hut in der Hand sauber und setzte ihn auf. Dann machte er sich auf den Weg und schritt schnell von dannen. – Und die kleinen Ünnerierdschen gingen wieder einmal leer aus.

Als der junge Zimmermann nach Kröpelin kam und zufällig bei einem Hutmacher vorbeischlenderte, dachte er: „Dein alter Hut ist vom langen Gebrauch schon ziemlich unansehnlich geworden, die Krempe ist ringsum befleckt und die Kniffalte vom vielen Anfassen arg verschlissen." Da warf er ihn mit leichtem Schwung in den Wind und kaufte sich einen neuen. So ist der alte Hut bei Wind und Wetter über die Felder getrieben und am Ende Gott weiß wohin. – Die Ünnerierdschen in der „Speisekammer" aber haben nichts von seinem Schicksal erfahren, Gott sei Dank. Vor lauter Gram über den unglückseligen Verlust hätten sie sich sonst vermutlich die Haare gerauft.

Die Hebamme von Jörnstorf

Bei einer Hebamme in Jörnstorf pochte es eines Nachts an der Haustür. Nörgelnd tapste sie durch den dunklen Flur. Schon am Klopfen hatte sie erkannt, daß es die Ünnerierdschen waren. „Ist wieder was?“ fragte sie. – „Beeil dich!“ antwortete eine Stimme von draußen. „Bei ’ner kleinen Frau von uns ist es wieder soweit.“ Hierauf wurde, wie immer in solchen Fällen, eine Holzdose mit Salbe durch den Katzenauslauf mit der üblichen Ermahnung hereingeschoben, sie solle die Salbe dem Neugeborenen auftragen und ja darauf achten, daß sie sich selbst nicht damit bestrich.

„Was das bloß soll?“ dachte die Frau, als sie sich ihr Nachthemd abstreifte. Bisher hatte sie sich immer strikt an die Regel gehalten und die Salbe nicht berührt. Nun aber wurde sie neugierig und strich sich, bevor sie sich anzog, doch einen guten Batzen davon auf den Körper und verrieb ihn kräftig auf dem Leib und allen Gliedmaßen.

Vor der Tür erwartete sie wieder der kleine Kerl, der wohl jedesmal für ihren Transport zuständig war. Er verbeugte sich vor ihr auf Ünnerierdschenart, indem er ihr, sein Hütchen zur Seite schwenkend, bedeutete aufzusitzen. Das Gefährt war wie immer ein kleiner Handwagen, vor den zwei Ziegenböcke gespannt waren. Der Ünnerierdsche kletterte auf den Bock, wobei er seine Kappe wieder aufsetzte und sogleich unsichtbar wurde, während die Hebamme, eine durchaus stattliche Person, sich hinten in den Wagen zwängte. Und ab ging die Fahrt.

Wie erstaunt war aber die gute Frau, als an derselben Stelle vorn, wo anfangs nur die Leine und eine Peitsche in der leeren Luft zu sehen waren, sich langsam zwei schemenhafte kleine Gestalten herausschälten, die mit den Rücken zu ihr dort auf dem Bock saßen! Und aus den Nebeln wurden nach und nach zwei richtige Ünnerierdschenrücken. „Oh!“ dachte die Frau. „Das kommt von der Salbe!“ Und mit Erschrecken erkannte sie, daß die Salbe zu nichts anderem diente, als dazu, daß die Ünnerierdschen sich auch während ihrer Unsichtbarkeit untereinander sehen konnten. „Daß ich mich bloß nicht verrate!“ dachte die Frau, denn sie wußte, daß auch sie nun alles Unsichtbare werde sehen können. Und so nahm sie sich vor, daß sie sich so verhalten wolle wie üblich, und ja um keinen Deut anders. Als sie nun vor der Höhle angekommen waren, tätschelte sie einen der Ziegenböcke, der schweißnaß vor dem Wägelchen stand; dann ließ sie sich von ihrem kleinen Führer beim Schürzenzipfel fassen und folgte ihm wie scheinbar blind in den Spalt des Berges hinein.

Wie jedes Mal wurde ihr beklommen zumute, als sie das Berginnere betrat. Es bestand aus einer großen Höhle, in der wohl fünfzig oder siebzig Ünnerierdsche ihrem Tagewerk nachgingen. Manche flickten kleine Schuhchen, andere formten Silber zu Teller und Schüsselchen, an einem Amboß hämmerte einer auf einen Goldbarren ein, und gleich neben ihm lag schon fertig ein großer Haufen von Goldgulden. Das alles sah sie heute zum ersten Male, und sie mußte darauf achten, daß sie vor lauter Verwunderung nicht stolperte. In einer Ecke, die anscheinend die Küche war, bemerkte sie kleine Frauen, die mit Töpfen schwenkten, andere putzten Gemüse und Würzelchen, während wiederum andere allerlei Zutaten zum dampfenden Mahle trugen, auch Arme voll Holz zum Unterhalt des Feuers. Die Hebamme aber tat, als sähe sie von alledem nichts und ließ sich am Schürzenzipfel bis zu der kleinen Gebärenden führen, wo der Kindsvater sie mit dem Hut in der Hand artig empfing. „Das ist ja man nett von Sie, daß Sie meiner Frau helfen wollen“, sagte er, während es der Hebamme nicht entging, daß er einer von der ganz schlitzohrigen Sorte war, denn sie kannte sich unter dem kleinen Volk schon ganz gut aus.

Die Geburt verlief ohne größere Umstände, wobei die Hebamme von vornherein wußte, daß der übergroße Kopf des Neugeborenen mancherlei Schwierigkeiten mit sich bringen würde. Doch es ging alles gut vonstatten. Sie wusch das neugeborene Jüngelchen und rieb es mit der Salbe ordentlich ein, bemerkte aber bei all dem, daß der Kindsvater sie mit einem scheelen Blick unausgesetzt beobachtete. Zuletzt legte sie den kleinen Winzling der Wöchnerin an die Brust. Nachdem sie dann ihren Lohn erhalten hatte und für den Sonntag zum Kinnelbier eingeladen worden war, ließ die Hebamme sich wieder aus der Höhle führen, bestieg draußen den Wagen, um endlich im Ziegenbocksgalopp wieder zurück nach Hause gebracht zu werden.

Der Zufall wollte es nun, daß die Hebamme am Sonnabend vor dem Kinnelbierfest den Markt von Neubukow aufsuchte, um ihren Einkauf für die nächste Woche zu bestreiten. Plötzlich erblickte sie, was sonst kein anderer sah, einen kleinen Ünnerierdschen, und zwar eben jenen Kindsvater, wie er sich bei den Fischständen herumdrückte und kleine Fische stahl, die nicht größer waren, als daß sie in die Pfannen der Ünnerierdschen paßten. Offenbar war er dabei, sich für das Kinnelbierfest zu versorgen. „Na, Freundchen, bist du auch hier?" begrüßte die Hebamme ihn unschuldigen Herzens. Da aber hatte sie sich verraten! Sie begriff es im selben Moment und erschrak darüber nicht wenig. – „Warte, du Luder", erwiderte das Männchen da auch schon vorwurfsvoll. „Hätte ich das gewußt, dann hätt' ich's dir aber gegeben!" Nun wußte die Hebamme, es war Gefahr im Verzug.

So befolgte sie die Einladung zum Kinnelbierfest am nächsten Tag nicht und blieb zu Hause. Aber ein Mädchen aus dem Dorfe, das den Ünnerierdschen auf andere Weise

Gefälligkeiten erwiesen hatte, war ebenfalls zu dem Fest gebeten worden. Als es nun den Spalt des Berges betreten wollte, um in die Höhle hineinzugehen, erblickte es unversehens einen großen Mühlstein über sich, der an einem ganz dünnen Faden hing. Hierauf erschrak das Mädchen heftig. „Oh, dir tut das nichts“, beruhigte sie aber ihr kleiner Führer. „Aber wenn das andere Aas gekommen wär, der wäre es schlecht ergangen.“

Die Hebamme aber ist nie wieder in den Berg gegangen. Auch klopften die Ünnerierdschen nachts nicht mehr an ihre Tür. Doch wußte sie, daß sie von nun an die kleinen Kerlchen überall entdecken würde, wo sie sich unsichtbar wähnten. Und das belustigte sie nicht wenig.

Doch bald stellte die gute Frau fest, daß sie beträchtlich an Leibesumfang einbüßte. Das stimmte sie anfangs sogar froh. Dann schleiften ihre Röcke auf dem Fußboden nach, sie schienen lang und immer länger zu werden! Und als sie feststellte, daß die Schuhe ihr von Mal zu Mal größer wurden und schließlich viel zu groß geworden waren, da durchfuhr die Frau ein Heidenschreck: Da erkannte sie nämlich, daß sie sich selbst auf das fürchterlichste geschadet hatte, indem sie sich damals die Salbe von den Ünnerierdschen auftrug.

Der goldene Becher von Nantrow

Grantig wurden die kleinen Kerlchen aber, als ihnen in Nantrow der Bauer Ettler eines Tages einen goldenen Becher stahl. Und so hat sich die Geschichte zugetragen ...

Bauer Ettler mußte von früh bis spät sehr hart arbeiten. Dabei ärgerte er sich jeden Tag, wie die Ünnerierdschen unnütz auf seinem Hof umhertollten, wie sie in seinen Holzeimern badeten, auf Kaninchen ritten und um die Mittagszeit einen Tisch aufstellten, um den sie dann allesamt beim festlichen Mahl saßen. Da glänzten goldene Schüsselchen und silberne Löffelchen im Sonnenlicht, die Tafel war übervoll von köstlichen Speisen und auserlesenen Getränken. Und die Kleinen lärmten und schmausten in fröhlichster Ausgelassenheit, während er sich das alles anschauen mußte, wenn er den Mist aus dem Stall warf, daß ihn die Schwielen schmerzten. Da setzte der Bauer sich eines Tages auf sein Pferd, und im Galopp an der Tafel vorbeireitend, ergriff er einen goldenen Becher und preschte mit ihm davon. Da war der Aufruhr groß!

Nun gab es unter den Ünnerierdschen ein einbeiniges Kerlchen, das galt als ihr schnellster Läufer. „Einbein lauf!" riefen die anderen auch schon, „Einbein lauf!". Und Einbein jagte mit flinken Sprüngen hinter dem Reiter einher. Und wäre da nicht ein Kreuzweg gewesen, den er als Heide nicht überqueren konnte, wer weiß wie die Sache ausgegangen wäre. So aber kam der Bauer noch knapp darüber, während Einbein stehenblieb. Den Becher versteckte der Bauer erst einmal in einem Gebüsch.

In den folgenden Nächten aber fand Bauer Ettler weder Schlaf noch Ruhe. Immer wieder tauchten die Kleinen in seiner Kammer auf, standen an seinem Bett herum und forderten ihren Becher zurück. Er wußte, es mußte eine Lösung her. So zerbrach er sich lange darüber den Kopf und fand schließlich einen Ausweg: Er nahm eines Tages den Becher, versteckte ihn unter seinem Wams und trug ihn heimlich in die Kirche von Altbukow hinüber, wo er ihn dann mitten auf den Altar stellte. Denn in die Kirche, wußte er, konnten die heidnischen Ünnerierdschen nicht hinein.

Doch es dauerte nicht lange, bis die Kleinen die Sache gewahr wurden. Und weil sie das Kircheninnere nicht betreten konnten, kletterten sie auf die umstehenden Bäume, um sich durch die hohen Kirchenfenster von der Anwesenheit ihres Bechers zu überzeugen. Die Tapfersten versuchten es gleich am Gemäuer. Sie machten Klimmzüge an den Fenstersimsen und schauten hinein. Manchmal war es ein Auf und Ab an den Bäumen, wie wenn Ameisen sie erklommen. Denn wenn sie oben anlangten, entdeckten sie durch die Kirchenfenster ihren strahlenden goldenen Becher auf dem Altar. Dabei wuchsen Zorn und Enttäuschung über den Bauern immer mehr, denn sie wußten, daß der Becher für sie nun verloren war. Rufe nach Rache wurden laut. Doch alle ihre Erwägungen erwiesen sich schließlich als nutzlos. So auch der zunächst verheißungsvolle Versuch, als Vergeltung den tönernen Lieblingsbierkrug des Bauern zu stehlen. Zwar gelangten die Kerlchen auf ihre Weise – sei es durch einen Türspalt oder durchs Schlüsselloch – ins Haus und in die Kammern von Bauer Ettler hinein, den Krug aber kriegten sie, was immer sie auch anstellten, nicht durch die Ritzen gezwängt. So ließen sie am Ende davon ab. Doch es versteht sich, daß die Kleinen dem Bauern gram blieben über lange Zeit.

Den Becher der heidnischen Ünnerierdschen aber, so hört man, hätte der Pfarrer von der Altbukower Kirche später als Kelch für das Abendmahl verwendet.Und dort soll er heute noch sein. Doch nimmt man ihn in die Hand, dann entdeckt man auf seinem Rand eine Inschrift, die aber niemand entziffern kann.

Der sittenlose Pflüger von Kühlungsborn

Aus der Zeit der Ünnerierdschen ist überliefert, daß es dazumal im täglichen Umgang zwischen Menschen und Ünnerierdschen im allgemeinen ein achtungsvolles Miteinander gegeben hat. Besonders aus ländlichen Gegenden sind dafür Beispiele zur Genüge bekannt. Nicht zuletzt war man ja auch ein bißchen aufeinander angewiesen, und gelegentlich brauchte man sogar die Hilfe der anderen; zumindest war man dann dankbar, wenn man sie in der Not überraschend gewährt bekam. So nahmen sich Bauern und Ünnerierdsche nichts so leicht übel, wenn sie groben Schabernack miteinander trieben – solange sich der Spaß in Grenzen hielt. Nur wer in boßhafter Absicht die Sitten und Bräuche der anderen verletzte, mußte mit harten Strafen rechnen. Und manch ein Grobian hat dann sein Leben lang dafür büßen müssen.

Von einem solchen Fall wird aus der Gegend von Brunshaupten, dem heutigen Kühlungsborn, berichtet ...

Dort fuhren einmal zwei Knechte mit ihren Gespannen zum Pflügen aufs Feld hinaus. Die Fläche, die sie beakkern sollten, erstreckte sich unmittelbar neben der „Speisekammer" – einem beträchtlichen Hügel, von dem die Mär ging, in ihm lebten die Ünnerierdschen. Der erste Knecht erwies sich als ein umsichtiger Mensch; denn noch bevor sie die Hakenpflüge in die Erde setzten und die Pferde antrieben, schaute er nachdenklich über die Fläche zum Berg hinüber und sagte dann zu seinem Gefährten: „Mir scheint, hier haben die Ünnerierdschen ihre Gänge unter der Erde. Vielleicht pflügen wir besser nicht so tief, nicht mehr als zwei Handbreit!" So setzten sie denn ihre Gespanne in Bewegung und handhabten die Pflüge mit dem nötigen Geschick, damit sie gerade Furchen zogen.

Nun ergab es sich im Laufe der Arbeit aber, daß der erste Knecht bald der Spur des zweiten folgte, und er entdeckte, daß sein Kollege seinen Hakenpflug weniger zu tief, als vielmehr zu flach führte, nur etwa eine Handbreit unter der Oberfläche, worüber er sich ärgerte; und daß er darüber hinaus die Krume auch noch recht liederlich umbrach. Als er ihn darauf zur Rede stellte, antwortete jener nur, er hätte Angst, daß er den Ünnerierdschen die Kappen vom Kopf pflügen könnte, und er lachte dabei unverschämt laut und selbstgefällig. Und dann fügte er hinzu: „Was soll's auch , was hier wachsen will, wächst trotzdem!" In Wirklichkeit aber wußte der erste Pflüger nur allzu gut, daß sein Kumpan die halbe Nacht im Krug verbracht hatte und nun nicht die nötige Kraft besaß, um eine ordentliche Furche zu ziehen.

Dennoch ging die Arbeit flott voran. Die Pferde stemmten sich forsch in die Sielen, und nicht lange, da glänzte ein beträchtlicher Teil des Ackers von umgebrochener schwarzer Erde. Als die beiden Knechte so um die Mittagszeit nichtsahnend wieder einmal am Hügel vorbeikamen, da war ihnen, als wehte der Wind den Duft von einem appetitlichen Mahle zu ihnen herüber. Sie witterten mit den Nasen, drehten die Hälse, zogen ihre Furchen aber dennoch bis zum Ende der Fläche weiter. Während sie dort nun wendeten und sich erneut umschauten, entdeckten sie am Fuß des Berges zwei Schüsseln, die im Sonnenlicht blinkten. „Komm, das ist für uns!" rief der zweite Knecht darauf aus. Da ließen die beiden ihre Gespanne einfach stehen und eilten schnurstracks quer über die gepflügte Fläche zum Feldrain hinüber. Zu ihrer Verwunderung fanden sie tatsächlich eine köstliche Speise in den Schüsseln vor. Und natürlich ahnten sie auch sogleich, wer die Schüsseln dort hingestellt hatte – niemand anders nämlich als die Ünnerierdschen. „Die wollen sich bei uns bedanken, daß wir ihnen nicht ihre Gänge kaputtgepflügt haben!“ mutmaßte der erste Knecht. So langten sie denn kräftig zu und ließen sich das unverhoffte Mahl gut schmecken.

Als der erste Pflüger dann seine Schüssel geleert hatte, bedankte er sich bei den unsichtbaren Gastgebern, indem er eine Verbeugung gegen den Berg hin tat und auch noch einen Groschen aus der Hosentasche fischte und ihn in die Schüssel warf. Der zweite Knecht aber erwies sich einmal mehr als ein ziemlich roher Mensch. „Was das mit dem blöden Groschen bloß soll!“ ging ihm durch den Kopf, und er wartete ab, bis sein Kollege weit genug gegangen war. Dann nahm er den Groschen heimlich aus der Schüssel heraus und dachte dabei hämisch, daß der nächste Abend im Krug nun wieder gesichert wäre. Doch damit nicht genug: Er hockte sich auch noch über die Schüssel und entleerte seine Notdurft in das Gefäß und lachte dabei vor niederträchtiger Schadenfreude.

Der erste Knecht war indessen bei seinem Gespann angekommen und gewahrte den schändlichen Vorgang, als er gerade die Leine aufnahm und sich zur Arbeit umwandte. Da nahm er sich vor, seinen Gefährten sogleich zur Rede zu stellen. Schließlich aber schüttelte er nur den Kopf und trieb sein Gespann mit einem einfachen „Hü!“ an. „Bei dem ist alle Mühe umsonst“, sagte er leise, während er seine Furche zog. „Einen durch und durch schlechten Kerl kann man nicht einfach zu einem anständigen Menschen hinkriegen. Da ist alle Mühe vergeblich ...“

Die Rache des beleidigten Ünnerierdschenvölkchens aber folgte auf dem Fuß. Denn während der erste Pflüger gesund und froh seiner Tage lebte, wurde der zweite bald darauf krank. Anfangs glaubte der üble Kerl, der Wirt hätte ihm Gift ins Bier gemischt, und er veranstaltete einen gehörigen Aufruhr. Denn sein Leiden begann noch am selben Abend, just in dem Augenblick, als er im Dorfkrug die Zeche mit dem entwendeten Groschen beglich. Da überkam ihn plötzlich ein schlimmes Bauchgrimmen. Doch der Wirt war sich keiner Schuld bewußt. Vor seinen Gästen schwor er ein ums andere Mal, daß er nichts dergleichen getan hätte und daß sein Bier in Ordnung wäre, sie tränken ja alle davon! Und so sehr man auch gemeinsam nach einer Erklärung für das offenkundige Übel suchte – man fand sie nicht. Der Zustand des leidenden Spitzbuben verschlimmerte sich indessen zusehends. Er siechte noch eine Zeitlang dahin, und starb zuletzt an einer Krankheit, die niemand kannte.

Der verwunschene Krug bei Penzlin

Einst kamen an einem späten Abend zwei landauf, landab bekannte Zahrener Trinker von einer Zechtour aus Penzlin zurück. Auf dem Weg nach Hause torkelten sie über die Felder, wobei sie lauthals unzüchtige Lieder ins abendliche Dunkel hinausgrölten. Da plagte den einen bald neuer Durst. Und als sie am Lindenberg vorbeikamen, hörten sie plötzlich Musik, als würde irgendwo in der Nähe zum Erntebier aufgespielt. „Hier sind wir richtig!" rief der Durstige da aus, und sie gingen den Klängen nach und gelangten so bis zum Lindenberg, wo sie in ein Loch erspähten, das nicht größer als ein Fuchsloch war.

Da sahen sie zu ihrem Erstaunen, daß der Berg in seinem Inneren hohl und gänzlich erleuchtet war. An langen niedrigen Tischen saßen etliche Ünnerierdsche, die aßen und tranken und prosteten sich gegenseitig zu; andere wiederum tanzten und sprangen zu den heiteren Melodien umher, daß es eine helle Freude war.

„Kannst du sehen, wo hier die Tür ist?" fragte der Durstige seinen Zechbruder. Der aber antwortete leise: „Nee, nee, du! Da will ich nichts mit zu tun haben," und er wandte sich ab und torkelte langsam in der Dunkelheit davon.

Nachdem der erstere dann vergebens nach der Tür gesucht hatte, kehrte er bald wieder zu dem Loch zurück und rief laut ins Berginnere hinein: „He da, ihr Zwerge! Habt ihr nicht mal was Ordentliches zu trinken? Ich habe einen mächtigen Durst!" Doch das Fest ging drinnen ungestört weiter, so daß er den Eindruck gewann, ihn hätte wohl niemand gehört. Plötzlich aber stieß jemand gegen sein Bein, und als er hinabschaute, stand ein kleiner Ünnerierdscher neben ihm und hielt ihm einen Krug hin. „Hier", sagte der. „Trink! Das ist etwas ganz Feines." Der Mann ließ sich das nicht zweimal sagen. Er setzte den Krug an die Lippen und trank einen Trunk von so lieblichem Geschmack, wie er Ähnliches noch nie genossen hatte. Als er endlich absetzte und den Krug betrachtete, stellte er fest, welch wundervolles, mit kunstvollem Zierat geschmücktes Gefäß er in der Hand hielt. Da dachte er: „Hätte ich einen solchen Krug, alle meine Kumpane würden mich darum beneiden!“ Und weil bloß dieser eine Kleine in seiner Nähe war, entschloß er sich, den Krug zu stehlen. So trank er ihn langsam leer, drehte sich dann aber unversehens um und machte sich auf und davon.

Da erhob das arglose Männlein ein großes Geschrei, und alsbald sprudelte es aus unzähligen Spalten und Löchern des Berges heraus von lauter Ünnerierdschen, die nun auf ihren kurzen Beinchen hinter dem Spitzbuben einherliefen. Dieser kam in seiner Trunkenheit aber auch nicht recht von der Stelle. Er torkelte immerfort nicht weiter als einen Steinwurf entfernt vor dem aufgebrachten Völkchen einher, das den Dieb verfolgte, bis sie zu einer Stelle gelangten, wo ein anderer Weg ihren Pfad kreuzte. Und während der Spitzbube sich gerade noch hinüberrettete, blieben die Ünnerierdschen unverrichteterdinge vor dem Wegkreuz stehen, verbittert darüber, daß es wieder mal ein Kreuz war, welches ihnen als heidnischem Völkchen die Grenzen setzte. Da hielt der dreiste Geselle drüben auch schon inne, wandte sich um und brüstete sich frech, wobei er den Krug in die Höhe hob: „Habt Dank für das köstliche Geschenk! Euch zu Ehren werde ich kräftigen Gebrauch davon machen!“

Darauf aber trat der Älteste des verhöhnten Völkchens einen Schritt vor und rief über den Kreuzweg hinüber: „Von uns aus kannst du den Krug behalten! Und du kannst aus ihm trinken, soviel du nur willst, denn er wird nie versiegen. Doch das eine rate ich dir: Gib acht, daß du niemals in ihn reinguckst!“

Nun begann für den Trunkenbold, wie man sich vorstellen kann, ein herrliches Leben. Schon am Morgen setzte er den Krug an die Lippen. Und abends gebärdete er sich lauthals inmitten seiner Zechbruderschar, denn der Trunk ließ in seiner Köstlichkeit nicht nach, und der Becher erwies sich tatsächlich als unerschöpflich, mochte er auch trinken soviel er wollte. Die Warnung des kleinen Ünnerierdschen war dem Trunkenbold dennoch in die Glieder gefahren, und so schaute er niemals in das Gefäß hinein, sosehr es ihn auch danach verlangte.

Nach Jahren aber war seine Furcht geringer geworden. Und eines Abends, nachdem er vor seinen Saufgesellen das kleine Volk im Lindenberge noch einmal lauthals verhöhnt hatte, fühlte er sich tapfer genug und schaute in den Krug hinein. Er schaute einmal, er schaute zweimal, und er schaute ein drittes Mal. Und bei jedem Blick sah er auf dem Grund eine dicke, häßliche Kröte. Entsetzt stürzte der Säufer den Krug darauf um, um das widerliche Scheusal auszukippen – doch die Kröte war verschwunden, so als hätte sie nie darin gesessen ...

Fortan floß kein Tropfen mehr aus dem Krug, der Born war versiegt. Der Mann aber wurde krank und siechte in kurzer Zeit elendiglich dahin. Die Leute in der Gegend rätselten noch lange Zeit darüber, ob er an seinem Suff zugrunde gegangen wäre oder ob die Verwünschung der Ünnerierdschen letztendlich doch zu seinem erbärmlichen Ende geführt hatte. Gewünscht hätten sie es ihm.

Die Canower fangen einen Ünnerierdschenkönig

In dem Dorfe Canow, nahe bei Wesenberg, haben es die Ünnerierdschen eine Zeitlang allzu arg getrieben. An ihrer Spitze lebte dazumal ein König; und vielleicht war dies der Grund dafür, daß sie sich's herausnahmen, besonders fleißig und rücksichtslos zu plündern. Mit der Zeit hatten sie das ganze Dorf mit einem Netz von Gängen unterhöhlt, so daß es für die Leute in Canow bald keine Vorratskammer und keinen Speicher mehr gab, wo sie ihre Nahrungsmittel vor den frechen Dieben noch verbergen konnten. Und vor allem keinen Keller.

Da kamen die Leute überein, dem Treiben ein Ende zu setzen. Sie berieten ein ums andere Mal – bis sie zuletzt die Lösung fanden. Ihr Plan war ebenso einfach wie verheißungsvoll. Als die Ünnerierdschen an einem Tage besonders heftig in den unterirdischen Gängen und Kellern herumtollten, da durchstießen die Leute mit geschwinden Spatenstichen die kürzesten Entfernungen zwischen dem Labussee und den unterirdischen Gängen, und zwar an mehreren Stellen gleichzeitig. So brach das Wasser des Sees plötzlich in das Labyrinth ein und überflutete es im Handumdrehen.

Oh, war das ein Malheur! Und während sich die Dorfbewohner in ihrer Schadenfreude zu einem Fest zusammenfanden, liefen die kleinen Kerlchen in ihren unterirdischen Gängen indessen um ihr Leben. Von überallher kam ihnen das Wasser entgegen. In größter Panik mußten sie auf schnellstem Wege durch immer andere Querverbindungen zu entkommen suchen. Sie entwischten einem bösen Schicksal schließlich im letzten Augenblick, als sich die Gänge hinter ihren Hacken schon vollends mit Wasser füllten. Nur mit äußerster Mühe erreichten sie ihre Heimstatt in einem Hügel außerhalb des Dorfes.

Doch einer fehlte – der König. Der hatte sich bei einsetzender Gefahr zwar wie alle anderen sofort auf die Flucht begeben, doch war er an einer niedrigen Stelle des Ganges mit seiner Krone gegen die obere Wölbung gestoßen, wobei das Krönlein ihm vom Kopf gerissen wurde. Nun hätte ein schlichter Ünnerierdscher in dieser Lage zwar leicht auf sein Käppchen verzichten können – nicht aber der König auf seine Krone. Also machte er kehrt, um das kostbare Kleinod eilends wieder aufzufinden und zu retten. Aber da war es schon zu spät. Das Wasser schlug ihm von allen Seiten dermaßen kraftvoll entgegen, daß er im selben Augenblick von den Seinen abgeschnitten war und sich nur noch durch die Flucht in einen höher gelegenen Keller außer Gefahr bringen konnte. So blieb seine Krone in den Wassern verloren. Aber auch eine gewöhnliche Kappe hatte er nicht, um sich möglichenfalls unsichtbar machen zu können.

Während das Freudenfest bei den Dorfleuten in vollem Gang war und sie freigebig alle restlichen Vorräte zum gemeinsamen Schmaus zusammentrugen, stieg einer der Männer in seinen Keller hinab, um seinen Anteil herbeizuschaffen. Doch was er dabei sah, ließ ihn auf der Treppe stutzen: Da saß der kleine Ünnerierdschenkönig mit Glatze und Haarkranz – offensichtlich war er nun von den Fluten unter ihm gefangengehalten – zusammengeschrumpft da und fror und bibberte ganz gottsjämmerlich. Er konnte sich weder verkriechen noch unsichtbar machen, sondern kauerte auf dem nackten Lehmboden und rieb sich vor Kälte die Oberärmchen mit den Händen. „Du darfst mir nichts antun!" sagte das Königlein nun verängstigt und fügte dann mutig hinzu: „Ich bin nämlich der König von den Ünnerierdschen!" Da brach der Kerl auf der Treppe in ein schallendes Gelächter aus, machte kehrt und rief sogleich die anderen Dorfleute herbei. So standen sie dann in Scharen auf der Treppe, drängten sich und lachten und konnten sich am Anblick des jämmerlichen Kerlchens dort unten einfach nicht satt sehen.

Da kam plötzlich die Meldung, daß die Ünnerierdschen sich unweit vom Dorfe in kriegerischer Aufstellung formieren würden! Offenbar wollten sie ihren König aus der Gefangenschaft befreien. Das belustigte die Leute aber um so mehr. Jene kleinen Knirpse wollten gegen sie, die kräftigen Bauersleute und derben Fischer mitsamt ihren handfesten Weibern allen Ernstes zum Kampf antreten? Das konnte doch nur ein Gaudi sein! Und obgleich man kleine Gefechtsformationen erkennen konnte, die mit niedlichen Flitzbogen und dünnen Spießlein bewaffnet schienen, und sogar Berittene auf kleinen Ünnerierdschenpferdchen, so nahm man die ganze Sache doch gelassen hin. Als einzige Maßnahme beorderte man einen aus ihrer Mitte zum Beobachter und wollte sich ansonsten bei der schönen Festlichkeit nicht weiter stören lassen.

Als Beobachtungsposten aber hatten die Canower einen Mann von annähernd zwei Metern Größe ausgewählt, der von seiner Höhe aus am weitesten sehen konnte. Nun war dieser zwar überaus groß und auch akkurat in seinem Beobachtungssinn, dafür aber beträchtlich langsamer in der Sprechweise. Nichtsdestotrotz nahm er die Verantwortung äußerst ernst. Als beispielsweise ein aufgeweckter Bengel, der eine Weile neben ihm den Feind mit observiert hatte, der Dorfgemeinschaft melden wollte, es wären etwa dreißig Reiter auf schwarzen, weißen und braunen Pferdchen angetreten, da hielt ihn jener Mensch beharrlich zurück. „Das kannst du so nicht sagen“, ermahnte er ihn belehrend. „Das sind nicht dreißig, das sind – Moment mal – zweiunddreißig Reiter. Eine Meldung muß schon akkurat sein! Und auch die Pferde – wenn du sagst, das sind braune Pferde, so ist das nicht korrekt. Wenn du genau hinguckst, siehst du, daß sie schwarze Mähnen und schwarze Schwänze haben! Nee, nee, du! Das muß schon alles seine Ordnung haben!“ Während er darauf langsam und mit peinlicher Sorgfalt noch einmal die Pferdchen zählte und seine eigenen Beobachtungen in treffende Worte zu fassen suchte, hatte der Feind seine Angriffspositionen indessen schon dreimal verändert. Und plötzlich sagte der Mann gar nichts mehr. Denn da hatte sich, unsichtbar für jedermann, ein Spähtrupp von fünf Ünnerierdschen herangearbeitet und sich hinter dem langen Menschen, einer auf dem anderen, übereinandergestellt; und der oberste band ihm flugs die Augen zu, so daß er nichts mehr sehen konnte.

Der Angriff der kleinen Männlein kam dann auch völlig überraschend. Während das ganze Dorfvolk noch auf der Festwiese lauthals dem Höhepunkt seiner Siegesfeierlichkeiten entgegensah, schwirrte es unversehens um die ausgelassen Feiernden her von kleinen Pfeilen. Spitze Haselnußruten stießen ihnen, wie von unsichtbarer Hand getrieben, in Arme und Beine. Und immer neue kleine Flitzbogen aus elastischem Wacholderholz sah man sich in der Luft wie von selbst spannen und Pfeile aus Röhricht abschießen, deren Spitzen mit scharfen Dornen versehen waren; und die verursachten, wo immer sie trafen, gemeine Schmerzen. Und wo mal gerade nichts traf, da spürten die nun gänzlich verwirrten Dorffestteilnehmer mancherlei eilige Windwirbel um ihre Beine wehen.

Nicht lange, und der Handstreich der kleinen Ünnerierdschen war beendet. Das Dorfvolk nämlich hatte sich zu guter Letzt flach auf die Erde geworfen und ließ alles geschehen, was Besiegte so über sich ergehen lassen müssen. Diese Sieger hier aber wollten nichts weiter, als ihren König befreien. Als die Dorfleute endlich nach und nach ihre Nasen hoben, sahen sie das erfolgreiche Überfallkommando – nun aller Vorsicht entledigt – klar und deutlich sichtbar abmarschieren. In seiner Mitte aber führte und stützte es stolz seinen alten König.

So endet die Sage von der Befreiung des kleinen Ünnerierdschenkönigs zu Canow. Was allein übrig blieb, ist das Rätsel um den Verbleib seines goldenen Krönleins. Manche meinen, die Ünnerierdschen selbst hätten es später mit ihren ureigenen Tricks aus dem überfluteten Gang gezogen; andere mutmaßen hingegen, irgendein findiger Dorfbewohner hätte es längst stillschweigend mit seinem Spaten herausgebuddelt und wäre klammheimlich reich geworden.

Doch es gibt auch solche, die insgeheim an die Mär glauben, daß ein großer Fisch in den Gang geschwommen kam und sich das Krönlein aufgestülpt hätte. Und er könnte hundert Jahre alt und noch viel älter werden, meinen sie; denn mit der Krone auf dem Kopf wäre er ja nicht sichtbar und könne also nicht gefangen werden, nie und nimmer.

Von Gold und Glück und ihrer unendlichen Endlichkeit

Das tote Pferd zwischen Kritzmow und Rostock

Ein Tagelöhner aus Kritzmow hatte in Rostock Arbeit gefunden, und damit er sie nicht wieder verlor, machte er sich morgens sehr früh zu Fuß auf den Weg, um rechtzeitig dort zu sein. Als er so an einem Wintermorgen munter dahinschritt, gewahrte er ein kleines Männchen neben sich. Warum er denn schon so früh unterwegs sei, wollte das Männlein wissen. Der Tagelöhner fühlte sich aufgehalten und erklärte kurz seine Lage. Ob er denn nicht ein bißchen langsamer gehen könne, fragte das Männlein, es könne ihm kaum folgen. Da verkniff sich der Tagelöhner seinen Ärger, verhielt aber dennoch den Schritt. „Gib mir deine Hand", forderte das Männlein ihn daraufhin auf. „Ich habe Angst, daß wir uns im Dunkeln verlieren!" Da nahm der Tagelöhner das Männlein bei der Hand, und sie gingen einträchtig nebeneinander einher, wobei das Männlein sein Ärmchen weit hinaufrecken mußte, um die Hand des Tagelöhners zu halten. „Setz dir deine Mütze auf!" forderte der Tagelöhner das Männlein bald auf, als er sah, daß es barhäuptig neben ihm ging und sein Käppchen in der freien Hand schwenkte. „Du wirst dich noch erkälten." Doch sein kleiner Begleiter tat nicht dergleichen.

„Hast du Kinder?" fragte das Männchen nach einiger Zeit. – „Oh, viele!" lachte der Tagelöhner auf. „Acht. Fünf Jungen und drei Mädchen." – „Und wie groß sind sie?" – Da blieb der Tagelöhner stehen, stellte sich dem Männlein gegenüber und sagte: „So und so und so ... ", wobei er mit der flachen Hand in Schulterhöhe zu zeigen anfing und sie jedesmal um einen Deut absenkte, bis er in Höhe des Männchens endete. Dann nahm er das Männlein wieder bei der Hand und schritt weiter.

„Wenn du einen Wunsch hättest", sagte das Männchen nach einiger Zeit, „was würdest du dir wünschen?" – „Daß ich meine Arbeit nicht verliere!“ erwiderte der Tagelöhner darauf prompt. – „Nein, ich meine etwas, woran du so richtig deine Freude hättest!“ – „Ja, dann sicher, daß alle meine Kinder warme Sachen für den Winter hätten.“ – „Du verstehst mich nicht“, widersetzte sich das Männlein aufs neue. „Ich meine, wonach dir selbst einmal so richtig der Sinn steht – oder hast du keinen Wunsch?“ – Der Tagelöhner überlegte eine Weile. „Doch, da hätte ich schon einen ... Weißt du, ich möchte mich mal so richtig satt essen. Allein sein und ein großes Stück Fleisch mit einem großen Knochen in der Hand halten und alles in Ruhe essen können, ohne daß mir die Augen der Kinder gleich mit am Fleisch nagen ... Verstehst du mich?“ –

Das Männchen gab sich anscheinend mit der Auskunft zufrieden und nickte kurz. Als sie dann die ersten Häuser der Stadt fast erreicht hatten, blieb das Männlein stehen und trug dem Tagelöhner auf, daß er das erste, was er abends auf dem Heimweg finde, unbedingt mitnehmen solle. „Was auch immer es ist!“ bekräftigte es seine Weisung. Dann verbeugte es sich vor dem Manne, wünschte ihm einen guten Tag, setzte sich sein Mützlein auf und war augenblicklich wie vom Erdboden verschluckt.

„Teufel noch mal ...“, murmelte der Tagelöhner vor sich hin. „So etwas habe ich ja noch nie geseh'n!“ Dann aber machte er sich auf und ging zur Arbeit.

Den ganzen Tag über dachte der Mann an diese Begebenheit, und ihm schien, als hätte er alles nur geträumt. Als er abends aber nach Hause ging, achtete er dennoch auf jedes Ding, das ihm auf dem Heimweg ungewöhnlich erscheinen mochte. „Vielleicht ist es eine Börse mit Goldgulden!“ sinnierte er still vor sich hin und prüfte jedes Stück Wegs vor sich um so sorgfältiger. Doch ihm fiel nichts Ungewöhnliches auf; nichts, das sich da vor seinen Füßen zeigte. Er hatte dann sein Dorf fast erreicht, als er abseits in einem Graben ein totes Pferd liegen sah.

„Zum Teufel!" fluchte er bei dem Anblick laut auf, über solcherlei Freundschaftsdienst nicht wenig verärgert. „Pferdefleisch, das fress' ich nicht! Das ist was für den Schinder!" Enttäuscht setzte er seinen Weg fort.

Weil ihm aber die eindringliche Mahnung des Männleins einfiel, machte er bald wieder kehrt und ging zu der Stelle zurück, an der der Kadaver lag. „Wenn du ein Ziegenbock wärst! Oder besser noch ein Kalb, dann würde ich dich schon auf meinen Schultern tragen können! Aber so?" dachte er bei sich. Doch dann entschloß er sich, wenn er schon nicht das ganze Pferd wegschleppen konnte, so doch wenigstens einen Batzen Fleisch aus dem Schenkel herauszuschneiden, um auf diese Weise so der Aufforderung des Männchens Genüge zu tun. Das tat er denn auch. Er stach mit seinem scharfen Taschenmesser ein gutes Stück heraus – etwa in der Größe einer Runkelrübe. Und es tat ihm leid, das Fleisch in seinen guten Leinenbeutel stecken zu müssen, der nun von Blut durchtränkt werden würde.

Zu Hause angekommen, warf der Tagelöhner den Beutel im Flur in die Ecke und wandte sich den häuslichen Arbeiten zu. Da fragte die Frau ihn, was er denn heute mit nach Hause gebracht hätte. „Ach, nichts weiter", antwortete er, „bloß ein bißchen Fleisch für die Katze." Doch als er dann in die Ecke schaute, bemerkte er zu seinem Erstaunen, daß das Leinen nicht von Blut durchtränkt war. Und als er daraufhin den Beutel anhob und auskippte, regnete es eine Schüssel voll Silbertaler auf den Fußboden, worauf er nicht wenig verblüfft war.

Nun eröffnete sich der Mann und erzählte seinem Weibe die ganze Geschichte. – „Du Dummkopf!" schalt das Weib ihn da. „Warum hast du nicht mehr mitgebracht? Hättest du nicht das ganze Pferd hinter dir herschleppen können?" Da erbot sich der Mann, noch einmal hinzugehen und eine beträchtliche Menge mehr von dem Kadaver zu holen, so viel, wie er nur könne – und er suchte nach seinem alten Schubkarren. – „Und wenn du nicht das ganze Pferd schaffst, dann nimm den Kopf", rief das Weib ihm hinterher. „Der ist sicher aus Gold!"

Doch so sehr der Tagelöhner dann auch suchte, der Pferdekadaver war verschwunden. Kein Grashalm war geknickt, kein Abdruck im weichen Morast, nicht einmal von seinen Stiefeln, so als hätte das Pferd niemals an dieser Stelle gelegen.

Von den Silbertalern kaufte der Tagelöhner jedem seiner Kinder warme Bekleidung für den Winter. Und ein Schwein kaufte er sich auch noch. Das schlachtete er selbst und feierte mit der ganzen Familie ein üppiges Schlachtefest. Und er aß langsam und in Ruhe ein großes Stück Fleisch auf – und die Kinder taten es gleichermaßen. Jedes war mit einem stattlichen Stück Bratenfleisch beschäftigt.

Und seine Arbeit soll der Tagelöhner übrigens behalten haben, solange andere sich später noch an ihn erinnern konnten ...

Der Narr von der „Hohen Nonne" bei Sternberg

Nahe bei Sternberg liegt neben der Landstraße ein kleiner, kegelförmiger Hügel – die „Hohe Nonne" geheißen.

Einst brachte ein Bauer aus Mustin eine Fuhre Weizen nach Bützow. Er hatte sich schon früh auf den Weg gemacht, um rechtzeitig auf dem Markt anzukommen. Als sich sein Fuhrwerk der „Hohen Nonne" näherte, schien ihm, als ob der Berg heute irgendwie anders aussähe als gewöhnlich: als wäre er angehoben worden und ruhte nun auf vier gewaltigen Stützsteinen. Der Bauer traute seinen Augen nicht, immerhin dämmerte der Morgen erst. Doch je mehr er sich dem Berge näherte, desto deutlicher sah er, daß er sich nicht irrte. Pochenden Herzens trieb er seine Pferde an, denn er hoffte, noch unbehelligt an dem unheimlichen Berge vorbeizukommen. Aber da standen die Pferde plötzlich still. Und noch ehe er zur Peitsche greifen konnte, sprach ihn unversehens ein Ünnerierdscher an. Der Bauer konnte ihn zunächst gar nicht sehen, er mußte sich erst über die Wagenkante beugen, so klein war das Männlein, das da im Morgengrauen auf dem Weg stand.

Wohin der Bauer mit dem Korn fahre, wollte das Männchen wissen. Der Bauer gab darauf trocken Bescheid. Ob er nicht Weg und Zeit sparen und das Korn gleich hier verkaufen wolle, fragte der Kleine; an Bezahlung solle es nicht fehlen. Nach einigem Nachdenken ging der Bauer darauf ein. Immerhin gewann er ja einen ganzen Arbeitstag, da sich die Weiterfahrt zum Markt in dem Falle erübrigte. Nun winkte das Männlein, der Bauer möge ihm mit dem Wagen folgen. Es selbst ging auf einem Weg vorweg, welcher seitlich von der Straße abzweigte, und der Bauer folgte ihm, wie nicht anders erwartet, geradenwegs in den angehobenen Berg hinein. Nachdem der Bauer sein

Gefährt angehalten hatte, schüttete er auf Weisung des Kleinen alle Säcke über die Wagenkante aus.

Als er mit der Arbeit fertig war und seinen Lohn forderte, nahm das Männlein einen leeren Sack vom Boden auf und ging in eine hintere Ecke, wo es etwas hineinschaufelte, was der Bauer aber nicht erkennen konnte. Zurückgekehrt reichte das Männchen den Sack zum Wagen hinauf – mit der strikten Order, der Bauer solle ihn unbedingt erst bei seiner Ankunft zu Hause öffnen. Nun hätte der Bauer natürlich allzu gern gewußt, ob er bei dem Handel auch nicht übers Ohr gehauen worden war, und er ärgerte sich über die Weisung des Männleins. Gehorsam nahm er aber die Leine auf und fuhr aus dem absonderlichen Berge hinaus und dann den Weg entlang zurück zu seinem Dorfe. Alsbald plagte ihn der Ärger aber so sehr, daß er nicht anders konnte: Er hielt an, stieg in den Wagen zurück und öffnete den Sack. Und zu seinem allergrößten Verdruß war darin tatsächlich nichts anderes, als brauner Pferdemist. „Den Scheiß kannst du dir wiederholen!“ rief er bös in die Dunkelheit zurück und kippte den Sack über die Planke aus.

Zu Hause angekommen, warf der Bauer die leeren Säcke verbittert vom Wagen. Doch da schien ihm plötzlich, als hätte er etwas klimpern hören, als einer der Säcke zu Boden fiel. Neugierig sprang er hinunter, schaute nach – und was seine Hand aus dem Sack hervorholte, waren ein paar Goldmünzen: der Rest des inzwischen zu Gold verwandelten Pferdedungs. Schnell sprang der Bauer wieder auf den Wagen. Mit scharfem Peitschenknall trieb er seine Pferde an und jagte im Galopp vom Hof und geradenwegs zu jener Stelle zurück, wo er den Mist aus dem Sack geschüttet hatte. Doch wie sehr er dann auch suchte, wie angestrengt sein Blick auch auf der Straße umherirrte – weder von Mist noch von Gold war auch nur das geringste zu finden. Als er daraufhin weiter zur „Hohen

Nonne“ fuhr, waren die vier Stützsteine fort. Und der Berg ruhte fest auf der Erde, als stünde er seit undenklichen Zeiten so.

Zu Hause zeigte der Bauer die Goldmünzen seinem Weibe. – „Was, mehr hast du dafür nicht gekriegt?“ empörte die Bäuerin sich. Da versuchte der Bauer, ihr die sonderbare Geschichte zu erzählen – bis er gewahr wurde, mit welch merkwürdigem Blick die Frau ihn zunehmend musterte. Hierauf verstummte der Bauer, er faßte sich verunsichert an den Kopf und ging wieder auf den Hof hinaus. Aber da stand sein Wagen und war leer! Und in der Tasche hielt er wahrhaftig die paar Münzen in den Fingern! Er ging zum Nachbarn hinüber. „Was, die ‚Hohe Nonne‘ – und auf Stützen?“ lachte der Nachbar ungläubig auf. Da versuchte der Bauer es im Dorfkrug. Irgendwer mußte ihm doch Glauben schenken! Er hielt dem Wirt die Münzen hin, „... das war vorhin noch Pferdemist!“ beteuerte er. Aber von den Gästen, die dort bei einem Glas Bier saßen und denen er ringsum verzweifelt die Handvoll Münzen zeigte – allesamt Bauern und Tagelöhner aus dem Dorfe – sagte einer: „Und für die paar Groschen hast du die ganze Fuhre Korn verkauft ...?“

Von diesem Tage an galt der Bauer als nicht so ganz richtig im Kopf, wie sehr er sich auch mühte, den Gegenbeweis zu erbringen. Er arbeitete nur noch um so besessener auf dem Hof und den Feldern, denn er wollte allen zeigen, daß er wie eh und je ein vernünftiger Kerl und strebsamer Bauer war. Doch alles umsonst. So ist jener brave Bauer in die Geschichte seines Dorfes für alle kommenden Zeiten unabwendbar als ein Narr eingegangen ...

Der Schafhandel von Doberan

Ein Völkchen von Ünnerierdschen, welches in der Nähe von Doberan ansässig war, wollte ein Fest feiern. Der Sippenälteste verteilte die Aufgaben, und sofort ging es mit den Vorbereitungen los. Da wurden Tische geschrubbt und kaputte Stühle wieder hergerichtet, da wurde Bier aus unterirdischen Braustuben herbeigeschleppt, und die Frauen polierten mit ihren Ärmeln die silbernen Schüsselchen blank. Und wenn dem einen oder anderen dabei noch ein bißchen Zeit für sich selbst blieb, dann machte er sein Jäckchen fein und putzte seine Stiefel. Einbein hatte nur einen Stiefel zu putzen und war somit am schnellsten fertig.

Zunächst meldete sich Einbein zum Bierholen, doch seine Artgenossen lehnten ab: „Du schwappst zuviel." So beauftragte der Ältermann ihn, da er als schnellster Läufer unter ihnen galt, mal fix zum Zeppelin-Holz hinüberzulaufen. Dort weide ein Schäfer seine Herde, dem solle er ein Schaf abkaufen. „Aber ich hab' keinen einzigen Pfennig", sagte Einbein und stülpte seine Taschen um. An Bezahlung solle es nicht fehlen, meinte der Ältermann, dort auf der anderen Seite des Weges wären zwei Hünengräber. „An das erste Grab gehst du ran und trittst mit dem Bein an den großen Stein. Dann schiebt sich der Stein zur Seite, und du kannst reingehen. Da drin findest du genug von all dem Talerkram."

Nun hätte Einbein ja auch einen von den unterirdischen Gängen nehmen können, aber er liebte den freien Lauf über die weiten Felder; und so hüpfte er fröhlich und guter Dinge dahin, bis er endlich das Zeppelin-Holz erreichte. Dort fand er auch schnell den Schäfer mit seiner Herde. Und so trat er vor ihn hin und fing an, ihm ein Schaf abzuhandeln. Die beiden Hunde des Schäfers nahmen weiter keine Notiz von ihm; weil derlei Männeken alle naslang mal hier und da in der Gegend auftauchten, daran waren sie schon gewöhnt.

Was er denn für das Schaf bekomme, wollte der Schäfer wissen. Einbein betrachtete daraufhin dessen Hut: Und es war ein großer Hut, solch einer, der die Schäfer auch bei Wind und Regen schützt. Aber er gab sich einen Ruck und antwortete: „Wenn du mir das Schaf gibst, kriegst du 'nen ganzen Hut voll Taler." Nun bedachte der Schäfer sich einen Augenblick, wollte aber wissen, ob der kleine Kerl auch wirklich soviel Geld hätte, und antwortete: „Du mußt mir die Taler erst zeigen."

Da ging Einbein mit dem Schäfer zum Hünengrab hinüber, und beide traten dort vor den Stein; der war so groß wie drei ausgewachsene Ochsen. Einbein stieß nun mit seinem Bein dagegen – und schon schob sich der Stein quietschend und knarrend zur Seite. Darauf betraten sie die Höhle, und Einbein fand mehrere Haufen von blanken Talern vor, ganz wie der Ältermann es ihm versichert hatte. „Willst du Silber oder Gold?" fragte er schließlich den Schäfer. Der aber schob den kleinen Kerl einfach zur Seite, ging geradenwegs zu dem Haufen mit den Goldtalern hinüber und schaufelte sich den großen Hut randvoll. „Nun ist es aber genug, Schäfer!" mahnte Einbein, als er sah, daß der Schäfer immer noch nicht aufhören wollte. Der aber steckte sich, ungeachtet Einbeins Einspruch, auch noch alle Taschen voll. Als sie endlich das Hünengrab verlassen hatten und sich der Stein wieder an seinem ursprünglichen Platz befand, sagte der Schäfer unvermittelt zu dem kleinen Kerl neben sich: „Das Schaf kriegst du nun trotzdem nicht!" Darauf ging er zu seiner Herde hinüber und hütete sie fort.

Da stand Einbein nun und wußte nicht, was tun. Schließlich ermannte er sich und dachte: „Du bist ein fixer Kerl und holst dir dein Recht ein – so oder so!" Also hüpfte er dem betrügerischen Schäfer und seiner Herde hinterdrein. Dort angekommen, versuchte er dann, ein Schaf von der Herde abzuzweigen. Der Schäfer hetzte jedoch seine Hunde auf ihn, woraufhin Einbein sich unsichtbar machte und seine Versuche fortsetzte. Immer wieder drang er in die Herde ein und trieb ein Schaf hinaus. Doch kaum hatte er es von den anderen getrennt, und es lief blökend umher, da waren die Hunde auch schon wieder da. Denen fiel es nun zwar schwerer, ihn zu entdecken, aber zu seinem Leidwesen hatte Einbein schon lange nicht mehr sein Stiefelchen gewechselt und auch die Hosen nicht gewaschen, und so folgten sie jetzt seiner Witterung. Er mochte anstellen, was er wollte: So oft er die Herde auch umkreiste, es gelang ihm nicht, nur einen einzigen lahmen Hammel wegzutreiben.

Da zog plötzlich ein Unwetter auf. Der Himmel verfinsterte sich zusehends, und die Herde wurde unruhig. Es begann zu regnen, und bald strömte es immer heftiger auf Schäfer und Herde herab. Und schließlich goß es dermaßen, daß der Schäfer nicht anders mehr konnte, als sich seinen Hut auf den Kopf zu stülpen. Da fielen die blanken Taler auf die Erde. Und die Herde – von Donner und Blitz wild und unbändig geworden – trampelte auf ihnen herum. Ein Sturm tobte los. Der Regenguß wurde immer ungestümer. Und zuletzt schien es, als hätte der Himmel alle Schleusen geöffnet, so daß sich auch die Taschen des Schäfers mit Wasser füllten und eine nach der anderen von dem schweren Gewicht aus den Nähten platzte und die Goldtaler an seinen Beinen hinab zu Boden fielen.

Als das Unwetter endlich vorüber war, war keine einzige Münze mehr zu finden. Die Schafe hatten sie allesamt in die Erde gestampft. Und während Einbein sich dann auf den Heimweg machte, sah er den Schäfer, wie der verzweifelt gegen den Stein des Hünengrabes anlief und mit dem Fuß dagegensprang. Aber ihn störte das wenig. Er wußte ja, Hünengräber öffnen sich nur, wenn sie der Fuß eines Ünnerierdschen berührt.

Nun hätte man ja annehmen können, daß Einbein bei dem heftigen Unwetter pitschenaß geworden wäre. Doch dem war nicht so; denn Ünnerierdsche werden nicht naß, solange sie unsichtbar sind. Und so stand Einbein dann trockenen Fußes vor seinem Sippenältesten und berichtete ihm von seinem Malheur. Doch der wußte schon längst Bescheid, denn schneller als Ünnerierdsche laufen können, fliegen ihnen die Nachrichten zu. Der Ältermann sagte nur: „Wenn das nun so ist, daß die Menschen keinen ehrlichen Handel mehr mit uns treiben wollen, dann müssen wir uns die Nahrung wohl rauben." Und er gab sogleich das Signal. Hierauf stürzte sich das ganze Volk von kleinen Wichtelzwergen in die unterirdischen Gänge, die nach Doberan führten, um dort die Keller und Vorratskammern zu plündern.

In den Annalen von Doberan aber ist für diese eine Nacht ein mittleres unterirdisches Erdbeben verzeichnet worden ...

Der ehrliche Böttcher von Boizenburg

Willem Lüttjehann war Böttcher in Boizenburg. Doch hatte er es auch nach jahrelanger Arbeit noch immer nicht zu einem Vermögen gebracht. Ja, er besaß nicht einmal eine Werkstatt, sondern trug sein Handwerkszeug immer in einem Leinenbeutel über der Schulter gerade dorthin, wo er mal zu einer Arbeit gerufen wurde. Denn seine größte Verlegenheit bestand darin, für seiner Hände Arbeit einen ordentlichen Preis zu fordern. Ob er nun eine Sauerkrauttonne repariert, einen Holzeimer wieder dicht gemacht oder ein altes Butterfaß in Ordnung gebracht hatte, er trat von einem Bein aufs andere, wenn es um den Lohn ging, und nannte zuletzt einen so geringen Preis, daß seine Auftraggeber sich nur immer wunderten.

Dabei hätte Willem Lüttjehann das Geld durchaus brauchen können, denn sein Haus war das mit dem schmalsten Giebel in ganz Boizenburg; dort tropfte der Regen vom Dach herein, und die beiden Fensterkreuze waren morsch. Doch seine alte Mutter, mit der er sich das Haus teilte, ließ nicht darin nach, ihn zu mahnen, ja stets ein ehrlicher Kerl zu bleiben. Schon sein Vater wäre ein solcher gewesen, und sie hätten, Gott zum Lobe, niemals unter den Nöten der Reichen gelitten. Und jedesmal, wenn sie mit ihren Krücken und den dicken Beinen vor ihm stand, schloß sie mit den Worten: „... Die schlimmste Drangsal fürs Seelenheil, das ist die Unredlichkeit!“

Eines Nachts aber, als Willem Lüttjehann in seinem breiten Bett schlief, zupfte jemand an seinem Nachthemd. Er schlug die Augen auf und sah im nächtlichen Dunkel einen Ünnerierdschen vor seinem Bette stehen. Der bedeutete ihm, leise zu sein und flüsterte: „Komm, steh auf! Ich hab 'ne feine Arbeit für dich.“ Willem erhob sich, kleidete sich an und warf sich die Hängetasche mit dem Werkzeug über die Schulter. Dann folgte er dem Ünnerierdschen aus der Stadt hinaus und weiter ein ganzes Stück über den Acker bis zu einem Hügel, auf welchem, wie er seit seiner Kindheit wußte, vorzeiten ein Mönchskloster gestanden hatte. In einen Spalt folgte er dem Kleinen in den Hügel hinein, und bald stand ein anderer Ünnerierdscher im Gang vor ihm und sagte: „Schwör bei deinem Seelenheil, daß du keinem Menschen nie nichts sagen wirst!“ Willem Lüttjehann hob darauf die Hand zum Schwur und tat, wie ihm befohlen. Wenige Schritte weiter stand ein nächster Ünnerierdscher vor ihm. „Schwör beim Seelenheil deiner Mutter!“ verlangte das Männlein. Auch das tat Willem. „Schwör beim Seelenheil von deinem toten Vater!“ forderte ein Nächster ihn auf; und „... von deinen Kindern!“ ein Übernächster. – „Aber ich habe doch gar keine Kinder!“ protestierte Willem darauf. – „Du wirst eine Frau haben und auch Kinder! – Schwör!“ Und Willem schwor beim Seelenheil seiner zukünftigen Kinder und aller seiner Nachfahren bis ins vierte und fünfte Glied, daß er nie und nimmer irgend jemandem auch nur das geringste verraten würde.

Darauf führte man ihn in eine große Höhle, in der eine schier unüberschaubare Menge von alten Holzfässern stand. Willem konnte sie kaum überblicken, so weit standen sie bis zum Höhlenende aneinandergereiht. „Aha! Das ist hier wohl der alte Wein- oder Bierkeller der einstigen Mönche!“ dachte er darauf pfiffig. Denn daß es vor allem die Mönche waren, die die besten geistigen Getränke herzurichten wußten, das war für Willem Lüttjehann kein Geheimnis mehr. – „Die Faßreifen sind alle morsch geworden“, bedeutete ihm ein Männlein bald. „Da liegen neue“, und es wies auf einen Haufen neuer Reifen. „Du sollst die alten auswechseln!“

Willem Lütjehann machte sich sogleich an die Arbeit. Er kippte sich Faß für Faß zurecht und schlug mit seinem

Hammer geschickt die alten Reifen runter und neue wieder drauf. Die Arbeit ging ihm flott von der Hand.

„Was in den Fässern wohl sein mag?“ dachte Willem indessen bei sich. „Kräftiges Bier vielleicht oder süßer alter Wein?“ Er konnte sich's nicht erklären. Da aber brach ihm jäh eine Daube bei einem Faß unter dem Hammer entzwei, und heraus quoll unaufhaltsam eine große Menge blinkender Golddukaten. Willem Lüttjehann stand still davor, der Hammer glitt ihm aus der Hand. Er überschaute die Vielzahl der dunklen Fässer und wußte im selben Moment, daß er sich inmitten jenes uralten zentralen Lagers befand, von dem die Rede ging, daß von ihm aus die hiesigen Ünnerierdschen seit jeher alle ihre Völkerschaften in Mecklenburg und weit darüber hinaus in anderen Landstrichen mit dem nötigen Geld für den Lebensunter-halt versorgten. Da überkam ihn eine panische Angst. Er drehte sich auf dem Absatz um, ließ sein Werkzeug liegen, wo es gerade lag und rannte, so schnell er nur konnte, an allen Ünnerierdschen vorbei zum Ausgang und stürmte weiter, ohne aufzuhalten, bis nach Hause, wo er sich in seinem Bett verkroch.

„Du Dussel!“ mahnte sich Willem aber nach einiger Zeit. „Warum bist du nur weggelaufen?“ Und er malte sich aus, wie leicht es gewesen wäre, sich die Taschen mit Goldtalern prall vollzustecken. Ein neues Dach hätte er sich leisten können, ein neues Haus, ja, vielleicht sogar eine eigene Werkstatt. Und seine Mutter hätte er zu den besten Doktoren bringen können, damit sie ihr das Wasser aus den Beinen entfernten.

Anderntags faßte er sich ein Herz und ging aus der Stadt und zum Ünnerierdschenhügel zurück. „Ich mache diese Arbeit nicht weiter“, sagte er zu den Kleinen. „Das ganze Gold ist mir zu verführerisch und nagt an meinem Seelenheil. Ich will nur mein Werkzeug wieder holen.“ – „Du brauchst auch nichts mehr zu machen“, antwortete darauf ein Männlein. „Wir haben das alles selbst erledigt. Wir hatten bloß kein Werkzeug. Aber inzwischen ist alles fertig." Darauf reichten sie ihm seinen Leinenbeutel mit dem Werkzeug, und Willem Lüttjehann schritt zufrieden davon, froh, daß die Sache so ausgegangen war.

Als er unterwegs aber unversehens in seinen Leinenbeutel hineinschaute, da war ihm, als wäre all sein Werkzeug aus Gold. Er kippte es auf die Wiese – und tatsächlich, da glänzte alles, was da im Grase vor ihm ausgebreitet lag, von purem Golde: sein Böttcherfäustel, der kleine Hammer, die Kneifzange, die Handsägen, Beitel, Dorne und Stifte. Willem Lüttjehann ließ seinen Blick über die ganze, vor ihm ausgebreitete Pracht gleiten. Langsam sammelte er darauf sein Handwerkzeug, das ihm nun so fremd vorkam, wieder ein. Er schulterte den Beutel, überlegte einen Moment und ging dann zum Hügel zurück. „Könnt ihr mir das wieder in ordentliches Eisen zu-rücktauschen?" fragte er. – „Warum?" fragten die kleinen Kerlchen daraufhin verblüfft. „Das ist der Lohn für deine Ehrlichkeit." – „Ich will einen solchen Lohn nicht haben!" lehnte der Böttcher aber ab. „Damit kann ich nirgendswo mehr arbeiten. Immerzu würden mir die Leute neidisch auf die Hände schielen. Ich könnte keine Zange und keine Säge liegen lassen. Da hätte ich alle Tage keine Ruhe mehr." Da tauschten die Ünnerierdschen das goldene Werkzeug gegen seine alten, von Gebrauch gezeichneten Hämmer, Sägen und Beitel wieder zurück, und Willem Lüttjehann ging zufrieden nach Hause.

Als bald darauf aber die Elbe-Fischer von Boizenburg eine Kompanie gründeten, weil sie den reichlich gefangenen Fisch auch weit im Binnenland an den Mann bringen wollten, da stand die Wahl zu treffen, welchen Böttcher sie mit der Fertigung der nötigen Fässer beauftragen sollten. Und obgleich sich die meisten seiner reichen Berufskollegen große Hoffnung machten, fiel merkwürdigerweise die Wahl auf Willem Lüttjehann. Er hat sich dies später nie erklären können.

Er arbeitete aber munter drauflos, und es dauerte nicht lange, da konnte er sich eine eigene Werkstatt einrichten und ein neues Haus kaufen. Und bald darauf verliebte er sich in die Tochter eines reichen Ratsherrn. Sie heirateten und hatten viele Kinder. Nur seiner alten Mutter konnte er nicht helfen. Das Wasser aus ihren Beinen zu entfernen, das gelang auch den berühmtesten Professoren nicht. Und so stand sie oft mit ihren Krücken in seiner Werkstatt und sagte: „Damit muß ich wohl leben. Aber es ist gut, daß es so ist, wie es ist ..."

Die zwei Reusen des Fischers von Plau

Fischer Köster aus Plau war ein fleißiger Mann. Er saß schon in seinem Kahn auf der Elde, wenn morgens die ersten Fensterläden im Städtchen aufklappten. Seit einiger Zeit aber beugte ihn der Kummer. Sooft er seine Reusen auch ins Wasser warf, wenn er sie wieder hochholte, waren kaum mehr als drei kleine Plötzen darin. Es schien, als hätten die Fische allesamt den Fluß verlassen. Und auch kein Fremder weit und breit, der mal für ein kleines Beigeld ans andere Ufer gesetzt werden wollte! Der Stand des Fischers auf dem Markt blieb schon seit langem unbesetzt; er hatte nichts in den Kisten, das er den Kundinnen hätte anbieten können – keinen Hecht, keinen Aal, nicht einmal ein Pfund silbriger Güstern. Es war zum Verzweifeln. Zu Hause hatte sich die blanke Not eingestellt. Sein liebes Weib war blaß und still geworden und hatte verweinte Augen. Die beiden Buben gingen barfuß zur Schule, und bei den kargen Mahlzeiten drehten sie unter dem Tisch vor Kälte die Zehen ein. Fischer Köster sah das alles und stieg morgens nur noch um so früher in sein Boot – und konnte doch nichts daran ändern.

Während er so betrübt auf das Wasser schaute, trat eines Morgens ein zierliches Männlein aus dem Gebüsch am Ufer. Es trug ein blausamtenes Mäntelchen mit goldenem Stickwerk und im Arm eine funkelnde Krone. „Ich bin der Prinz vom Gallberge", stellte das Männlein sich vor. „Und ich will mich heute mit der Prinzessin vom Klöterpott vermählen. Bring mich bitte ans andere Ufer, Fischer!"

Nun hatte Fischer Köster zwar schon oft gehört, daß es Ünnerierdsche in der Gegend gab – und wie manche zu wissen vorgaben, sogar zwei Völker von ihnen, jeweils eines auf dem Gallberg und eines auf dem Klöterpott diesseits und jenseits der Elde. Doch hatte er selbst noch keine Berührung mit Ünnerierdschen gehabt; auf dem Wasser hatten sie anscheinend wenig zu tun. Langsam ruderte er nun zum Ufer hin; und weil er wußte, daß er in seiner Not nicht umhinkonnte, die eine Frage zu stellen, so machte er denn die Bewegung mit Daumen und Zeigefinger und fragte noch vom Wasser her: „Und wie sieht es mit der Bezahlung aus?“ – „Das soll dein Schade nicht sein“, antwortete das Männlein darauf. „Du kriegst deinen Lohn auf der anderen Seite.“

Während Fischer Köster das Boot nun am Ufer befestigte, stieg das Prinzlein ein. Es nahm artig vorn im Bug Platz. Doch wunderte der Fischer sich, wie schwer das kleine Kerlchen zu sein schien. Denn während es über die hintere Ducht und die Sitzbank kletterte, sank das Boot tiefer und tiefer, bis das Wasser nur noch zwei Handbreit unter dem Bord stand. Während der Fischer sich dann auf seinen Platz setzte und den Kahn hinüberruderte, fühlte er sich merkwürdig eingeengt, als ob er fortwährend unsichtbar an Beinen und Ruderriemen behindert würde.

Drüben angekommen, stieg das Prinzlein wieder umständlich aus, und vom flachen Ufer her legte es mit feinen Fingern eine Goldmünze von beachtlicher Größe in die rauhe Hand des Fischers. Oh, wie schlug Fischer Kösters Herz da höher! Gleichzeitig wurde ihm ganz seltsam zumute, denn auf einmal regneten Silberstücke auf die Bootsplanken herab. – „Nach drei Tagen komme ich mit meiner jungen Gemahlin wieder zurück“, sprach das Prinzlein indessen. „Wenn du uns dann wieder auf die andere Seite rüberfährst, sollst du noch mehr guten Lohn erhalten.“ Hierauf drehte es sich um und verschwand in den Uferbüschen.

Als der Fischer nun seinen Lohn eingesammelt und gezählt hatte, da waren es nicht weniger als hundert Silbertaler und eine Goldmünze! Fast kam eine unerklärliche Angst dabei über ihn. Denn einen solchen Reichtum hatte er sein Lebtag noch nicht in den Händen gehabt! Was sollte er nun damit tun? Am liebsten wäre er spornstreichs nach Hause gelaufen und hätte großen Jubel angestimmt. Doch saß er noch eine Weile still auf der Ruderbank und überlegte. Zuletzt kam er zu dem Ergebnis, daß er niemandem davon etwas verraten dürfe, nur seiner Frau. Nicht einmal den Buben! Denn hatte er keine Freunde in der Not – um so mehr würden sie sich nun um ihn drängen, wenn sie von seinem Reichtum erführen.

„Wohin nun aber mit dem ganzen Schatz?“ überlegte Fischer Köster weiter. Sein Haus war klein, er wußte keinen Platz darin, wo er ihn verbergen könnte. Er schaute auf den Haufen von Silberlingen auf den Bodenbrettern vor sich, nickte noch einmal und tat sie zuletzt in eine Reuse. Die versenkte er heimlich auf den Grund des Flusses. Denn dort, schien ihm, waren sie augenblicklich am sichersten aufgehoben. Die Goldmünze aber steckte er seiner Frau in die Schürzentasche. Darauf gab es viel Freude im Hause des Fischers. Der Tisch wurde reichlich gedeckt, und die Buben trugen schon bald harte Lederschuhe an den Füßen.

Drei Tage später wartete der Fischer am anderen Ufer wie vereinbart. Und richtig trat das Prinzlein auch beim ersten Sonnenstrahl mit einer lieblichen Ünnerierdschenprinzessin an der Hand aus dem Gebüsch hervor und stieg zu ihm ins Boot. Doch als die beiden umständlich nach vorn kletterten und endlich dort Platz nahmen, lag das Boot wieder so tief, daß keine Welle kommen durfte, sonst wäre sie hereingespült. Vorsichtig ruderte der Fischer nun zum anderen Ufer zurück, wobei er sich aufs neue sosehr behindert fühlte, daß er kaum die Arme bewegen konnte. Drüben angekommen, kletterten Prinz und Prinzessin aus dem Boot, der Kahn hob sich, und das Prinzlein reichte dem Fischer diesmal gleich zwei Goldgulden vom Ufer herunter. Dabei regnete es abermals rings um den Fischer von blinkenden Münzen ins Boot. Als er genauer hinschaute, da waren es lauter Goldmünzen; und als er sie später zählte, kam er auf zweihundert.

Nun war erneut Not am Manne. Doch der Fischer versenkte auch die Goldmünzen in einer zweiten Reuse vorerst auf den Grund der Elde. Dabei war er sich aber im klaren, daß selbst in diesem Versteck der Schatz nicht sicher war. Er und seine Frau, das wußte er, würden unruhige Tage und ängstliche Nächte verbringen – immer in der Furcht, irgend jemand holte die Reusen mit ihrem Reichtum gerade in diesem Moment heimlich herauf. So beschworen sie sich gegenseitig ein ums andere Mal, ja nicht mehr als jeweils nur eine einzige Münze heraufzuholen, wenn sie sie dringend benötigten, um ihren Reichtum nicht auffällig werden zu lassen. Statt dessen wollten sie lieber in vermeintlicher Armut weiterleben, denn nur so schien ihnen der Schatz fürs erste gesichert.

Als Fischer Köster nun nach geraumer Zeit heimlich die Reuse mit den Silberlingen hob, um die erste Münze heimzuholen, da schien ihm das Gewicht gar beträchtlich schwer. Und als die Reuse dann die Wasseroberfläche durchbrach, sah er zu seinem Entsetzen, daß sämtliche Silberlinge fort waren! Statt dessen wimmelte es in der Reuse von Aalen, Hechten, Barschen und Plötz. Und als er verzweifelt eilends die zweite Reuse hob, da drängten sich im Schwarm unzählige rötlich blinkende Goldfische. Dem Fischer standen die Haare zu Berge – sein ganzer Schatz war verloren!

Notwendigerweise karrte er seinen ganzen Fang nun zum Markt und besetzte wieder seinen alten Stand. Bald darauf aber drängten sich die Frauen und Mägde der Stadt bei ihrem Einkauf vor seiner Schalenwaage und kauften im Handumdrehen alle seine Kisten leer. Und die Goldfische im Kübel prüfte ein edler Herr und orderte sie allesamt für das Becken in seinem Park. Und so ging es fort. Sooft Fischer Köster auch seine Reusen hob – die eine war jedesmal voller Weißfische und die andere gefüllt mit einem Schwarm Goldfische. Und während er Hecht und Barsche flugs an die eifrige Kundschaft verkaufte, fanden sich immer neue feine Herren aus der näheren und weiteren Umgebung ein und orderten nach und nach alle Goldfische für die Teiche und Zierbecken in ihren Gutsherrenparks.

So waren Fischer Köster und seine Frau fortan von ihrer Not um den Schatz auf dem Grunde der Elde befreit. Sie lebten glücklich und zufrieden bis an ihr Lebensende von dem reichen Fang, den ihnen der Fluß schenkte. Nur tat der Fischer seither, wenn er morgens sein Boot bestieg, jedesmal eine Verbeugung nach beiden Ufern. Denn nun wußte er: Es gab da mehr zwischen Himmel und Erde, als seine Augen schauen konnten ...

Von Wegelagerei, Hochzeitsplünderei und anderen Streichen

Die Wegelagerer bei den drei Eichen von Malchow

Dazumal ging es unter den Ünnerierdschen nicht anders zu, als es allgemein auch unter Menschen üblich ist: Es gab Friedfertige und Streithähne, Ehrenhafte und Heuchler, und es gab solche, die es mit der Redlichkeit selbst des eigenen Volkes nicht so genau nahmen.

Bei dem Dorfe Malchow bei Parchim hatte sich auf einer Feldmark, die sich durch drei mächtige Eichen besonders hervorhob, eine Sippschaft von Ünnerierdschen zusammengefunden, die andernorts von ihren Völkern ausgestoßen worden waren und sich nun hier als zügellose Horde dem Müßiggang hingaben. Unter den Eichen hatten sie sich ein liederliches Netzwerk von Gängen und Höhlen angelegt, deren Ausgang sie jedoch geschickt zwischen den dicken Stammwurzeln versteckt hielten. Weil sie nun aber weder über Reichtümer noch über bares Geld verfügten, andererseits aber von ihrem verschwenderischen Lebenswandel nicht ablassen wollten, hatten sie sich der Wegelagerei verschrieben; wobei sie es besonders auf Fuhrwerke mit Korn abgesehen hatten, denn vor allem Essen kam bei ihnen das Trinken. Sie kamen mit ihrem Braugeschäft gar nicht nach, so viel wurde bei ihnen gezecht.

Nun kannten die Malchower Bauern die Gefahr und lenkten ihre Wagen, wenn sie ihr Korn zu Markt fuhren, in weitem Bogen um die Feldmark herum. Fremde Fuhrleute aber nahmen ahnungslos den üblichen Weg, der sie dann an den drei Eichen vorbei den sandigen Berg hinauf und weiter bis nach Parchim führte. In solchen Fällen kam die ganze Horde von kleinen Wegelagerern unsichtbar über das Feld gerannt und setzte sich unbemerkt auf das Gefährt. Dort saßen sie dann auf dem blanken Korn und machten sich allesamt schwer, wie Kinder es manchmal tun, wenn sie sich anstrengen. Die Räder sanken darauf tiefer und tiefer in den Sand, wie bei einer schweren Holzfuhre. Die Pferde dampften und streckten sich, als ob sie nicht Korn, sondern Mühlsteine hinter sich herschleppten. Und so sehr die Kutscher auch auf ihre Gäule einhieben, am Ende konnten die Pferde einfach nicht mehr weiter und blieben einfach stehen. Die Kutscher stiegen dann vom Wagen, gingen ratlos um das Gefährt herum und trollten sich schließlich zum nächstbesten Dorf, um Hilfe zu holen. Wenn sie später wiederkamen, war der Wagen leergeplündert bis auf einen Schaufelrest von Dreck und Körnern auf dem Bretterboden.

Eines Tages kamen einmal zwei unerfahrene junge Fuhrknechte über Garwitz und Matzlow daher. Sie waren früh aufgebrochen, denn der Weg nach Parchim war lang. Einer saß oben auf dem Wagen, der andere auf dem Rükken eines der Pferde, um das Vierergespann von dort aus mit Peitschenknall und lautem Rufen besser voranzutreiben, denn zu ihrem Verdruß zeigte es sich, daß der Weg sandig und nur schlecht zu befahren war. Als sie an den drei Eichen vorbei und den langen Berg hinauf fuhren, wurde ihre Lage immer schwieriger. Die Räder sackten tiefer und tiefer in den Sand ein, und die Pferde stampften und keuchten, als ob ihnen noch drei weitere schwere Wagen angehängt worden wären. Während der Reiter nun immer heftiger schrie und auf die Pferderücken einhieb, drehte der andere Knecht sich auf dem Wagen einmal um, weil ihm schien, als ob es hinter ihm nicht ganz geheuer zuging: Da war ein Grunzen und Kichern auf dem blanken Korn, als ob sie unsichtbar Ferkel mit sich führten; und ein Geschiebe und Gedränge, daß sich das Korn an mehreren Stellen wie in kleinen Trichtern bewegte.

Nun hatte sich besagter Knecht aber einen Kreuzdornstock auf die Fahrt mitgenommen, um unterwegs, kamen sie unter Pflaumenbäumen vorbei, einmal kräftig daran zu rütteln. Indem er sich nun umdrehte, schlug er mit diesem Stock überraschend auf das blanke Korn ein – und siehe, da saß plötzlich ein häßliches kleines Kerlchen mit einer Glatze verblüfft da; sein Käppchen lag neben ihm, denn das hatte der Knecht ihm vom Kopf geschlagen. „Hein, nicht auf die Pferde!" rief der Knecht darauf seinem Kameraden zu. „Komm her mit der Peitsche und schlag hier!" Sofort sprang sein Gefährte vom Pferd und eilte herbei, und gemeinsam trieben sie die blinden Passagiere von ihrem Wagen, wobei sie nicht gerade sanft vorgingen. Vor allem der Kreuzdornstab zeigte dabei eine verheerende Wirkung. Vor jedem Ding nämlich, das auch nur im entferntesten Ähnlichkeit mit einem Kreuz hatte, waren die Ünnerierdschen machtlos. Zuletzt sahen die beiden Knechte drei verlodderte kleine Kerlchen über das Feld zu den Eichen laufen, wobei sie jedoch wußten, daß es eine ganze Horde war, die da vor ihnen floh. Dreien aber hatten sie die Kappen von den Köpfen geschlagen, und so blieben diese sichtbar, bis sie letztlich zwischen den Wurzeln der Eichen verschwanden.

Die Fahrt ging danach flott voran, die Pferde schritten wieder munter und wie erleichtert aus. Die drei Käppchen aber blieben oben auf dem Wagen liegen und rüttelten sich während der Fahrt langsam und unbemerkt in das Korn hinein. Als die Fracht dann beim Müller abgeliefert worden war, gerieten sie mitsamt dem Korn zwischen die Mühlsteine und waren fortan nicht mehr vorhanden. Weil ausgestoßene Ünnerierdsche aber nur einmal in ihrem Leben ein Käppchen erhalten, waren seit dieser Zeit, wenn sich die Taugenichtse bei den Eichen umhertummelten, immer drei kleine Kerlchen zu sehen. Sicher stahlen sie sich ihre Käppchen untereinander weg. Am Ende aber blieben immer drei Ünnerierdsche ohne Kopfbedeckung zurück und somit für jedermann sichtbar.

Und jeweils diese drei, so erzählt man in der Gegend um Malchow, hätten es fortan sehr schwer gehabt. Die Hütejungen machten sich nämlich ein Gaudi daraus, sie um die Eichen zu jagen. Denn die Jungen hatten inzwischen von der Macht der Kreuzdornstöcke erfahren und traktierten die ungeschützten Kerlchen nun mit solchen Stäben – bis diese sich jedesmal zuletzt in größter Not vor den frechen Burschen und deren Hunden zwischen die Baumwurzeln in ihre Höhle retteten.

Der Fuchsjäger von Hohen Viecheln

In Hohen Viecheln, einem Dorfe am Nordende des Schweriner Sees, lebte einst ein Jäger. Er war ein recht couragierter Vertreter seiner Zunft, der es sich zur Aufgabe gemacht hatte, das wenige Federvieh auf den Höfen der Dorfbewohner vor Habicht, Luchs und Marder zu beschützen. Vor allem aber dem Fuchs hatte er gnadenlose Feindschaft geschworen. Wann immer er einen solchen erblickte, schoß er ihn unbarmherzig nieder. Es fehlte nicht mehr viel, dann hätte er die ganze Gegend von den leisen Räubern freigeschossen. Nichts anderes als das aber war sein ersehntes Ziel.

Damals breitete eine Sippe von Ünnerierdschen, die sich in der Nähe des Dorfes niedergelassen hatte, ihr unterirdisches Grabensystem weiter aus. Allenthalben hörte man es unter der Erde kräftig kratzen und scharren. Nun stieß eine Gruppe von schippenden Kerlchen, als sie sich unweit des Hohen Viechelner Seeufers dem Wurzelwerk von ein paar alten, gekröpften Weiden näherten, zufällig auf den unterirdischen Kessel einer Füchsin. Die hatte gerade einen Wurf Junge zur Welt gebracht, denn als die Ünnerierdschen die Wand zu ihrem Versteck durchstießen, blieb sie ruhig liegen, ließ die Winzlinge weiter an ihren Zitzen saugen und blickte den überraschten Kerlchen ruhig entgegen. „Oh, das haben wir nicht gewollt!" baten die Männlein um Entschuldigung. „Laß dich mal nicht weiter stören!" Rücksichtsvoll schlugen sie nun eine andere Richtung ein. Ihr Ziel nämlich war eine der alten Weiden; die war innen hohl. Und in eben dieser Weide, so war ihr Plan, wollten sie dann unbemerkt aufsteigen und von oben Ausschau halten können. Dorthin stießen sie nun mit fleißigen Spatenstichen weiter vor. Das Loch zum Kessel der Füchsin blieb aber offen.

Die kleinen Füchslein waren gerade erst ein paar Tage alt, sie wackelten noch auf ihren tapsigen Füßen in der Höhle umher, als ein Jäger die Füchsin auf ihrem Beutezug sichtete. Mit einem gezielten Schuß streckte er sie nieder: das letzte Exemplar der roten Plage in der Gegend, so rechnete er sich's aus und rieb sich zufrieden die Hände. Er hatte sein Ziel erreicht!

Die Späher der Ünnerierdschen aber hatten von der Höhe der Kropfweide aus den ganzen Vorgang beobachtet. Und sie begriffen sogleich, daß ihre kleinen Nachbarn nun zum Tode verurteilt waren, denn sie würden Hungers sterben. Daraufhin riefen sie die ganze Sippschaft zum Baum hinauf und erklärten die Lage. Da saßen sie nun auf allen Kropfstubben und Ästen, wo immer nur das Gesäß eines Ünnerierdschen Platz fand; und nach einigem Hin und Her beschlossen sie, das Leben der kleinen Welpen zu retten, koste es, was es wolle. An Ideen, wie dies zu bewerkstelligen sei, mangelte es ihnen nicht.

Zunächst stiegen zwei von ihnen in den Fuchskessel hinein, um die kleinen Welpen zu trösten. Doch die fürchteten sich vor ihnen und krochen in die hinterste Ecke. Es dauerte seine Zeit, bis sie sich schließlich aufnehmen und streicheln ließen. Ein anderer Ünnerierdscher wurde inzwischen beauftragt, mit einem Eimerchen zur Uferwiese des Fischers Priegnitz zu laufen, wo dessen Kühe weideten. Er sollte sich unter eine Kuh stellen und das Eimerchen voll Milch zapfen. – „Und wenn mich nun ein Mensch sieht, was soll ich dann machen?" fragte er. – „Sofort unsichtbar machen!" rieten die anderen. „Und den Eimer treibst du mit den Beinen über den Acker vorwärts, daß der denkt, den schiebt der Wind vor sich her!"

Das ging auch mehrere Tage gut. Die Welpen gewöhnten sich an die neuen Behüter, welche alles dafür taten, damit es ihren Anempfohlenen gut erging. Und so wuchsen sie heran und wurden flauschig und keß.

Doch eines Tages begann das Malheur. Es nahm seinen Anfang, als das Melkermännchen auf seinem Rückweg von des Fischers Kühen plötzlich auf den Jäger traf. Nun konnte es sich selbst zwar im Handumdrehen unsichtbar machen, nicht aber den Eimer. Da vollzog sich etwas so Merkwürdiges, daß der Jäger seinen Augen nicht zu trauen glaubte: Denn da rannte unverkennbar ein kleines Eimerchen zwei Handbreit über dem Erdboden allein über den Acker dem Waldrand entgegen und schwappte dabei von Milch über. Der Jäger riß zwar die Flinte an die Wange und schoß, doch schien er so über alle Maßen verunsichert, daß sein Schuß weit daneben ging.

Wenige Tage später – die Füchslein waren nun schon so groß, daß sie unbekümmert draußen vor dem Eingang tollten – nahte er unversehens mit seinem Teckel heran. Langer Dackel, lange Leine, und der Jäger hintendran – so kam er forschen Schritts daher. Die Späher auf der Kropfweide aber hatten sich in das Spiel der Füchslein verliebt und so den Jäger übersehen. Zu spät kam ihr Signal. In höchster Not liefen darauf ein Dutzend Kerlchen flugs einen Steinwurf weit vom Fuchsloch fort, rissen sich dort ihre Käppchen von den Köpfen, so daß sie von Jäger und Hund sofort bemerkt wurden, und machten dabei einen heillosen Spektakel. Sogleich entließ der Jäger seinen Dackel von der Leine, der nun auf die Männlein zurannte und sie zu schnappen suchte. Doch da spielten die tapferen Männlein ein gefährliches Spiel: Ein jeder ließ den wütenden Kläffer bis fast auf Atemnähe an sich herankommen und setzte sich dann geschwind sein Käppchen auf, so daß er sich wie in Luft auflöste und der Köter ins Leere stürzte. Der verwirrte Kläffer wandte sich darauf dem nächsten zu, bis auch der verschwand – und dann kreuz und quer einem übernächsten und noch weiteren. Die Ünnerierdschen mußten dieses Spiel notgedrungen solange fortsetzen, bis sie die Welpen sicher im Fuchsbau wußten. Zuletzt legte sich der entnervte Dackel in ihrer Mitte auf den Erdboden und hechelte völlig erschöpft, als wäre er dem Tode nahe. Da setzten die Kleinen allesamt ihre Käppchen auf und waren im Nu verschwunden.

Der Jäger aber hatte den Braten gerochen. Am nächsten Tage suchte er beharrlich das verdächtige Terrain ab, und nicht lange, da hatte er das Fuchsloch auch schon gefunden. Er ließ den Teckel scharfmacherisch daran schnuppern und ließ ihn dann von der Leine. Wie ein Blitz fuhr er darauf in die Röhre hinein ...

Diesmal aber waren die Späher auf der Hut gewesen und hatten vom Baume aus rechtzeitig Signal gegeben. Hieraufhin hatten die Ünnerierdschen vom Fuchskessel her einen Stein von der Größe eines Balles in den Eingang vorgeschoben, der paßte genau in die Röhre und verstopfte diese auf halbem Wege fest. Der Teckel rannte nun in seiner Mordlust jählings gegen den Stein und verletzte sich beim Aufprall so jämmerlich die Nase, daß diese sich augenblicklich zu der eines Boxerhundes verformte. Wie sehr er auch quiekte und jaulte, er mußte unverrichteterdinge den Rückzug antreten.

Doch der Jäger gab nicht auf. Das nächste Mal kam er nicht nur mit Gewehr und Teckel daher; er war zudem mit einem scharfen Spaten bewaffnet. Nachdem er sich seines grünen Rockes entledigt hatte, machte er sich sogleich an die Arbeit. Er grub mit fleißigen Spatenstichen die Röhre entlang und bewegte auf diese Weise große Mengen Sandes zu beiden Seiten des Ganges hinauf. Schließlich stieß sein Spaten auf den Stein. „Aha!“, dachte er da vielsagend, und er wußte im selben Moment, daß er gewonnen hatte. So befreite er den Stein mühelos aus seiner Umklammerung und wuchtete ihn auf den seitlichen Erdwall hinauf. Dann ließ er seinen Hund aufs neue Zorn nehmen und ließ ihn schließlich in den nun freien Gang hinein. Der Teckel verschwand darin wie ein Blitz. Weiter und weiter hörte der Jäger das Gekläff seines Teckels entschwinden. Und manchmal hörte er es gar nicht mehr, manchmal tauchte es irgendwo in der Nähe wieder auf, um sich gleich wieder aufs neue zu entfernen.

Der Jäger stand währenddessen mit der geladenen Flinte bereit und richtete den Lauf auf das Loch. Er wunderte sich nur, wie tief die schlaue Füchsin anscheinend ihren Kessel diesmal verborgen hatte. So stand er und wartete und wartete. Dann setzte er die Flinte etwas verunsichert ab und legte sie wieder an. Später setzte er sich in den Sand und legte die Flinte quer über die Knie. Von drinnen aber kam kein Zeichen – wenn er nicht bei genauem Hinhören seinen Teckel dann und wann von weither leise kläffen zu vernehmen glaubte. Später holte er sich seine Brote aus der Jagdtasche und aß zur Vesper. Und als er sich am dritten Tag, immer noch so dasitzend, über das Kinn strich, war sein Bart in harten Stoppeln herangewachsen. Er wich jedoch nicht von der Stelle und verließ seinen Platz nur für kurze Augenblicke, um mit den Beeren des angrenzenden Waldes den größten Hunger zu stillen. Nach vierzehn Tagen schaute er einmal zufällig zum Kropf der alten Weide hoch. Da sah er fünf Fuchsköpflein mit spitzen Nasen und spitzen Ohren neugierig auf ihn herabschauen. In diesem Moment verließ den bewährten Jäger sein letzter Jagdeifer. Und nicht nur das: Er zweifelte sogar an seinem Verstand. Denn Füchse auf einem Baum – das hatte es noch nirgendswo auf der Welt gegeben! Die dort aber saßen still und schauten ihn wahrhaftig an, und wenn er sich bewegte, dann drehten sie ihre Köpfchen ein wenig mit. – Nein, der Jäger schoß nicht. Er dachte gar nicht daran. Er langte nur nach seinem Rock, stand auf, griff nach seinem Spaten, nach dem Gewehr und ging langsam davon, gänzlich verwirrt.

Man sagt, er wäre fortan ein schweigsamer Mann gewesen und hätte seinen Beruf zuletzt aufgegeben. Bis ins hohe Alter hinein hätte er es gemieden, sich weiter als nur eine Feldscheide von seinem Haus zu entfernen – in steter Furcht, er könnte auf einen Fuchsbau stoßen.

Die Füchslein aber wuchsen heran und tummelten sich tagein, tagaus vor dem nunmehr verunstalteten Auslauf. Und es kam der Tag, da entließen die Ünnerierdschen sie in alle Winde: Sie waren groß geworden und sollten fortan ihren Lebensunterhalt selbst bestreiten. Und schon im nächsten Winter, wenn in frostklaren Nächten die Sterne zitterten, hörte man sie manchmal von Horizont zu Horizont einander zubellen. Sie waren also da, jetzt und später, zum Trotz des Jägers und aller seiner beruflichen Nachfahren ...

Die drei Irrtümer in einer Plauer Schusterwerkstatt

Nur wenige Zeit war verstrichen, seit ein Schustermeister in dem Städtchen Plau es sich leisten konnte und einen Gesellen eingestellt hatte, da schien ihm, es wäre ein Wunder geschehen. Sooft er nämlich zum Abend ein Paar Stiefel oder Schuhe zugeschnitten und das Leder für den nächsten Morgen auf seinen Arbeitsplatz gelegt hatte, stand, wenn er früh die Werkstatt betrat, an derselben Stelle das fertige Paar Schuhe oder Stiefel für ihn bereit – makellos genäht, besohlt und blank poliert. Der Meister nickte dann trocken zum Gesellen hinüber, besah sich das Schuhwerk noch einmal gründlich, wobei er etwas vor sich hinbrummelte und stellte es dann zum Verkauf aus, ohne daß er ein Wort oder auch nur einen Blick des Dankes für den Gesellen weiter übrig gehabt hätte. So wiederholte es sich seit kurzem an jedem Morgen.

Des Schustermeisters Geschäft blühte bald darauf kräftig auf. Er bekam immer neue Kundschaft, denn es sprach sich schnell herum, daß er nicht nur spornstreichs lieferte, sondern daß seine Schuhe von besserer und feinerer Art waren, als sie jemals übers Plauer Straßenpflaster geführt wurden. So wurde der Schuhmacher schnell reich. Dem Gesellen aber zahlte er weiter einen kargen Lohn, denn er hatte ihm ja die Nachtarbeit nicht aufgetragen. Darüber lachte der Meister auch schallend am Stammtisch im Krug „Zum Ossenkopp“, dem ersten Haus am Platze, wo er dank seines neuen Reichtums Zutritt und Sitz gefunden hatte.

Sein Geselle aber wunderte sich nicht weniger, während er tagsüber auf seinem Hocker saß und Holztäckse in die Sohlen alten Schuhwerks schlug. Immer wieder schaute er mal zu seinem Meister hinüber und grinste in sich hinein. „Der muß doch bald vom Stuhl kippen!" dachte er. „Das hält doch kein Mensch aus! Jede Nacht hier sitzen und bis zum Morgen schuften – und dann nach dem Frühstück wieder reinkommen ..."

Denn alle Tage, sobald der Meister in seiner wortkargen Manier mit einem „'n Abend" die Werkstatt verlassen hatte, warf Augenblicke später auch der Geselle Hammer und Täcksdose zur Seite und enteilte der Arbeitsstätte unbemerkt durch den Hinterausgang. Bei einem Krug Bier in der Schenke „Zum Ziegenbock", wo sich die Gesellen der Stadt zu treffen pflegten, verhöhnte er dann seinen Herrn und Meister lauthals, weil der, während er selbst hier seinen Vergnügungen nachging, indessen geldgierig in seiner Werkstatt saß und fleißig bis zum Morgen arbeitete.

Nachdem es so lange Zeit gut gegangen war, daß sie sich gegenseitig in ihren jeweiligen Wirtshäusern lautstark verspottet hatten, standen sich der Meister und der Geselle eines abends unvermittelt und selig betrunken auf dem Marktplatz gegenüber. Sie blickten einander in die Augen und fragten verwundert: „Bist du das?" – „Ja. Und bist du das auch?" – „Ja." So glotzten sie sich eine Weile an, und dann fiel es beiden gleichzeitig auf, daß es in dem Falle mit der Schusterwerkstatt wohl nicht recht geheuer wäre. Spornstreichs machten sie sich auf den Weg und liefen so schnell sie konnten zum Haus des Meisters zurück, um sich dort durch das Schlüsselloch der Werkstube über den wahren Stand der Dinge zu unterrichten. Heimlich schauten sie abwechselnd hindurch, und und machten sich schweigend so ihre Gedanken. Bis der Meister endlich sagte: „Ja, wenn die Sache so ist, dann brauche ich dich nicht mehr. Dann bist du nun entlassen!" Denn was sie dort sahen, war nichts anderes, als ein kleines Männchen, vermutlich ein Ünnerierdscher, das dort auf dem Stuhl des Meisters saß, vom Kopf bis zu den Füßen gänzlich nackt, und beim Licht der Schusterkugel fleißig seinen Pechdraht zog.

Der Geselle schnürte sein Bündel und begab sich schon am nächsten Morgen auf die Wanderschaft. Und der Meister konnte nun am Stammtisch über den kleinen Ünnerierdschen lachen, weil jener nämlich zu selbiger Zeit in der Schusterwerkstatt saß und fleißig seinen, des Meisters, Reichtum mehrte, während er sich hier ergötzte. Ja, und völlig nackt sei er, erklärte er immer wieder; man könne, wenn man durchs Schlüsselloch hindurchschaute, sogar seine mageren Bauchfalten sehen. – „Nun haben wir ja Sommer", gab daraufhin der Schneidermeister von Plau zu bedenken, welcher mit am Tische saß. „Aber im Herbst, oder wenn der Winter kommt, dann wirst du ihn nicht mehr einfach so nackt da sitzen lassen können." So bestellte der Schuster beim Schneider einen Anzug für den Ünnerierdschen. Und er solle nicht einmal dürftig ausfallen, fügte er mutig hinzu, denn schließlich sei er ihm ja etwas schuldig! So gingen sie beide zu des Schusters Werkstatt und schauten durchs Schlüsselloch, damit der Schneider mit eigenem Augenmaß die Höhe und Schulterbreite des kleines Männchens taxieren konnte.

Schon am nächsten Abend hatte der Schneider Rock und Beinkleid für den kleinen, treuen Helfer fertig. Sie waren wunschgemäß aus bestem Tuch gearbeitet und gar lieblich anzuschauen. Der Schuhmacher selbst hatte am selben Tag noch ein Paar zierlicher Stulpenstiefel aus feinstem Leder angefertigt, denn er wollte sich gegenüber seinem Wohltäter nicht lumpen lassen und sich auf beste Weise erkenntlich zeigen. Ordentlich hergerichtet legte er dann am Abend alles zusammen auf seinen Schusterstuhl und wartete geduldig vor dem Schlüsselloch. Denn er wünschte sich nichts mehr, als an der Überraschung des kleinen Männchens mit eigenen Augen teilhaben zu können.

Um Mitternacht erschien das Männchen dann auch wie üblich. Es zündete das Licht an und betrachtete daraufhin verwundert die feine Bekleidung auf dem Stuhl. Und nachdem sich ursprünglich der Meister über den Fleiß seines Gesellen geirrt hatte und jener wiederum über den Eifer seines Meisters, vollzog sich hier im Angesicht des Plauer Schuhmachers der dritte Irrtum: Das Männchen nämlich, nachdem es lange Zeit den feinen Stoff von Rock und Beinkleid befühlt und beides ordentlich in den Händen gewendet hatte, murmelte laut und vernehmlich vor sich hin: „Hmh, so ist das also! Nu soll ich also auf die Reise geh'n ..." Darauf zog es sich bedächtig ein Bekleidungsstück nach dem anderen an, und der Meister sah, daß sie ihm gut zu Gesicht standen; zuletzt schlüpfte es auch in die kleinen Stiefelchen und trat damit kräftig auf, wie man es tut, wenn man einen neuen Stiefel anprobiert. Dann löschte es das Licht und war fortan nicht mehr gesehen.

Von dieser Zeit an aber lag das Leder für Schuhe und Stiefel am nächsten Morgen noch genauso da, wie der Meister es am Abend hingelegt hatte. Kein Stich war daran geschehen, keine Sohle darauf genagelt. Der betrübte Schuster, sosehr er sich auch mühte, die Gefälligkeit des kleinen Männchens wieder herzustellen, indem er Schüsselchen mit auserlesenen Speisen zur Nacht hinstellte und Becher mit köstlichen Getränken – er konnte den Aufträgen und Wünschen seiner großen Kundschaft einfach nicht mehr Folge leisten. So blieben die Kunden ihm nach und nach fern. Und auch den Stammtisch besuchte er nicht mehr; denn bald war er wieder so arm wie zuvor, ja vielleicht sogar noch ärmer. Denn ihm selbst ging die Arbeit nach alledem fortan nur noch schwer von der Hand ...

Der Feldhüter von Kuhstorf mit dem Kaffhut

Es gab eine Zeit, da waren die Leute in Redefin und einigen umliegenden Dörfern reineweg verstört: Wo immer ein Hochzeitsfest stattfand, da wurden solche Mengen an Speisen verzehrt und so viele süße und starke Getränke verzecht, daß den Hochzeitern schon Wochen vorher die Haare zu Berge standen. Denn sie stammten nicht gerade aus vermögenden Häusern, sondern waren im allgemeinen einfache Leute vom Lande. Für solch ein Festmahl aber mußten sie ohnehin schon lange Zeit vorher sparen und oft auch ein gutes Stück aus ihrem Vermögen verkaufen – etwa ein Bullenkalb, ein Schwein oder gar ein Stück vom Acker. Doch wie sie es auch anstellten, ihre Angst wurde mit dem Heranrücken der Feierlichkeit immer größer. Es war einfach unerklärlich, aber im Verlaufe eines jeden Festes zeigte es sich neuerdings, daß zu wenig gekocht, gebraten, destilliert und gebraut worden war. Und manch eine Feier endete unversehens an peinlich leerer Tafel. Man hatte sich's schon zur Regel gemacht, bei der Zurüstung in Küche und Kammer die voraussichtliche Anzahl der Gäste insgeheim zu verdoppeln; doch auch das reichte manchmal nicht mehr aus.

Nun lebte damals in Kuhstorf ein Feldhüter, welcher allerorten für sein großes Maulwerk bekannt war. Als dessen Familie nun Anstalten traf, sich für das Hochzeitsfest der ältesten Tochter zu rüsten, da verkündete der Brautvater in der Schenke dreist, er wolle dem Ding auf die Spur kommen. Daraufhin griente man sich ringsum heimlich zu und dachte bei sich: „Der Kerl hat's ja wirklich bitter nötig!" Denn er war, das wußte jeder, einer der Gebeuteltsten im Dorfe: Er hatte nicht weniger als elf Kinder täglich am Tisch; und die Brautjungfer stand schon im stattlichen Alter von neunundzwanzig Jahren! Obendrein war sie nicht gerade die Schönste. Jedenfalls müsse er froh sein, so schlußfolgerte man, einen Esser von seinem Tisch fortzubekommen. Ein Festmahl aber für die doppelte Anzahl der Gäste herzurichten, das sollte ihm wirklich mehr als nur schwerfallen. Darum wohl sein Eifer.

Aber der Feldhüter hatte einen pfiffigen Plan. So begab er sich am Hochzeitsabend, während sich das Festmahl daheim dem Höhepunkt näherte, zum Bohnenberg hinaus – einer mit Tannen bewachsenen kleinen Anhöhe zwischen Kuhstorf und Redefin. Denn dort, wußte er, wohnten die Ünnerierdschen. Er hatte sich vorgenommen, bei ihnen anzuklopfen und eines ihrer Käppchen auszuleihen, welche, wie man hörte, Unsichtbarkeit verliehen. Als Unsichtbarer aber, so ging sein raffinierter Plan, wollte er sich dann unter die Hochzeitsgäste mischen und dem unerklärlichen Ding auf die Schliche kommen.

Während er nun in der Dunkelheit um den Bohnenberg herumtapste und den Eingang zur Höhle suchte, da hörte er unvermittelt Stimmen in der Nähe – ein lautes, fröhliches Gelaber, als ob dort unter viele etwas verteilt würde. „... Mir auch einen! Mir auch 'nen Hut!" rief man begehrlich durcheinander. Als er sich darauf dem Gedränge näherte, sah er eine Sippschaft von Ünnerierdschen, die wohl gerade aus dem Berg herausgekommen war und nun von einem, der das Verteilen übernommen hatte, verschiedenerlei Hütchen und Käppchen in Empfang nahm. Da rief der Feldhüter dreist hinüber: „Mir auch einen!" Doch da zeigte es sich, daß schon alle Hütchen vergeben waren, und so antwortete das Männchen laut zurück: „Hier ist sonst kein Hut mehr, hier ist bloß noch Großvaters Kaffhut!" – „Der reicht mir allemal!" willigte der Feldhüter darauf ein, und er erhielt tatsächlich einen alten Kaffhut zum Gaudi der kleinen Kerlchen. Das war nun nichts anderes als ein Sack, und zwar ein kleiner Ünnerierdschensack, bei dem man die eine Spitze in die andere gesteckt hatte, um ihn sich so über Kopf und Nacken zu legen, wenn man beim Dreschen und Säcketragen vor dem lästigen Kaff geschützt sein wollte. Der Feldhüter stülpte sich nun den Kaffhut über den Kopf – doch weil er ihm andernfalls zu klein gewesen wäre, drehte er ihn einfach herum, mit dem langen Ende also nach vorn über den Schädel zur Stirn. So paßte er ihm. Wie erstaunt war er aber, als sich das ganze Völkchen, welches er deutlich vor sich sah, nun in Richtung Kuhstorf in Bewegung setzte – er selbst im Abstand hinterdrein – und sich dort mit fröhlichem Lärm geradenwegs zu seinem Hochzeitshaus begab!

Als er dann, für jederman unsichtbar, mit einigem Verzug den Festsaal betrat, da sah er zu seiner Verwunderung zwischen den Hochzeitsgästen an der festlichen Tafel die Ünnerierdschen sitzen; und zwar zwischen je zwei Gästen immer einen. Die griffen fleißig zu, langten unbekümmert zu Schweinebraten und Hühnerbein und tranken, während die Gäste sich unterhielten, ungeniert aus deren Gläsern. Dem Feldhüter verschlug es fast die Sprache. Denn manche waren so frech, sie prosteten sich quer über den Tisch hin zu; andere wiederum verputzten indessen die leckeren Süßspeisen ihrer Tischnachbarn. Nur der Feldhüter allein, da er den Kaffhut trug, konnte das niederträchtige Schauspiel in seiner ganzen Tragweite in Augenschein nehmen. So zog er endlich die zwielichtige Kopfbedeckung von seinem Schädel, saß für ein Weilchen sichtbar da und befahl einem seiner Söhne: „Hol mir schnell den Siebenzagel!“ Den Siebenzagel aber – einen Handgriff mit sieben ledernen Peitschenriemen daran – nahm der Feldhüter immer dann zur Hand, wenn eines von seinen Kindern durchgewalkt werden sollte. In diesem Augenblick hatte er jedoch nichts anderes im Sinn, als die dreiste Schar von Ünnerierdschen gewalttätig aus dem Festsaal zu vertreiben.

So saß er denn wieder unsichtbar da, hielt den groben Siebenzagel nervös in der Hand und beherrschte noch für Augenblicke seine mordlüsternen Gedanken. Die Ünnerierdschen, sah er, sprachen dem Mahle immer noch kräftig zu. Es war absehbar, daß der Tisch bald blank sein würde. Andere trieben unterdessen schon allerlei Schabernack. So setzte sich einer in die leere Suppenterrine und strampelte mit den Beinchen; andere spritzten den Gästen vergnüglich Soße auf die Festtagskleider; und wiederum andere hatten sich unter dem Tisch plaziert. Dort streichelten sie den Herren die Knöchel und pufften den Damen an die Waden, so daß über dem Tische mancherlei Mißverständnis entstand.

Als der Feldhüter genug gesehen hatte und dem Treiben endlich ein Ende setzen wollte, da kam ihm plötzlich, aber gerade noch rechtzeitig, ein Gedanke in den Sinn. Er erinnerte sich nämlich, gehört zu haben, daß die Ünnerierdschen demjenigen, der sie vergrault, sein Lebtag nicht mehr halfen! Im Gegenteil, sie würden ihm alle nur erdenklichen Nöte und Ärgernisse bereiten, zu denen sie irgend fähig waren. Manch einer, so hatte er erzählen hören, hat bis zu seinem späten Tode lauter Unbill, Pech und unerklärliche Nackenschläge erlitten, so daß sein ganzes Erdendasein ein einziges Schinderleben war. Das aber wollte er seiner Tochter nicht antun! Nein, das auf gar keinen Fall! War sie ohnehin schon ein unansehnliches Weibsbild, so sollte sie in ihrem künftigen Leben nicht auch noch solches Leid erfahren!

So schluckte der Feldhüter seinen Zorn hinunter. Er entledigte sich seiner Kopfbedeckung und beteiligte sich als aufmerksamer Brautvater an den fröhlichen Gesprächen und Spielen der Hochzeitsgäste. Und wie es ihn große Beherrschung kostete, die rüden Räuber nicht alle zum Teufel zu jagen, so schmerzte ihn kaum weniger die Schmach, daß er nun nicht, wie verkündet, in der Schenke seinen Sieg würde verlautbaren können. Doch er setzte sich auch darüber tapfer hinweg.

So wurde selbiger Feldhüter in kürzester Zeit zu einem Weisen und wandte sich als ein solcher seinen Gästen zu: Und wenn mal eine alte Jungfer aufschrie, weil ihr jemand am Haar zu reißen schien; wenn die Schuhe und Pantoffel der Gäste unter dem Tisch allesamt durcheinandergerieten; oder wenn auf dem Tisch plötzlich die Bierkrüge schwappten und schepperten, als fände dazwischen unsichtbar ein ausgelassener Tanz oder gar eine Prügelei statt, dann richtete er alles zum Guten und sagte beschwichtigend, Feste hätten nun mal so ihre absonderlichen Überraschungen ...

Die Entlarvung der Hochzeitsplünderer von Körchow

Aufgeklärt wurde das Rätsel um die unbegreiflichen Hochzeitsprassereien letztendlich in Körchow, einem Dorfe bei Wittenburg. Auch dort wurde schon zu Beginn eines Hochzeitsschmauses so viel vertilgt, daß die Brauteltern der Verzweiflung nahe waren. Ja, vermutlich noch mehr als anderswo. Denn die Köchin hatte der Festtafel nur dreimal den Rücken gekehrt, um in die Küche zu eilen, da waren nicht nur die Teller und Schüsseln schon blank, sondern auch alle Töpfe und Tiegel mit Bratenfleisch, Soße, Kohl und Kartoffeln! Und von der Ecke her gab der Knecht das Signal, daß das Bierfaß bereits leer sei. In der Not entschloß man sich, rasch einen Boten zum Gevatter nach Wittenburg hinüberzuschicken und um zwei Gänse zu bitten.

So schwang sich der Knecht dann auf den schweren Ackergaul und machte sich im gemächlichen Trab – denn mehr war aus dem Wallach nicht herauszuholen – auf den Weg zum Städtchen. Dort angekommen, erledigte er gewissenhaft seinen Auftrag. Man band also zwei Gänse an den Hälsen zusammen und hängte sie quer über den Rist des Pferdes, so daß sie nun vor dem Reiter auf beiden Seiten hinabhingen. So ritt der Knecht in der Dunkelheit behaglich wieder zurück – was sollte er sich sputen! Es war ja nicht seine Hochzeit.

Als der Reiter nun auf halbem Wege ein kleines Gehölz passierte, blieb der Klepper mit einem Mal wie angewurzelt stehen. Der Knecht konnte im Dunkeln nicht erkennen, was sein Pferd behinderte, so versuchte er, den Wallach anzutreiben, indem er ihm die Hacken in die Flanken drückte. Doch der schwere Gaul bewegte sich um keine Handbreit vorwärts. Da hörte der Knecht plötzlich ein feines Stimmchen neben sich, das vermutlich von unten her zu ihm heraufdrang. Er schaute hinab und sah auf dem Waldboden ein Kindlein in der Dunkelheit stehen, ein Mädchen, wie ihm schien. Es war so klein, daß es sich wohl um ein Ünnerierdschenkind handelte, denn es reichte nur bis zur halben Höhe unter die baumelnde Gans hinauf. „Reiter, sage Hahl, Pingel ist tot!" sprach das Mädchen noch einmal mit seinem dünnen Stimmchen. Der Knecht versprach mit guten Worten, selbiges akkurat ausrichten zu wollen und setzte sein Pferd wieder in Bewegung. Unterwegs aber sinnierte er über die Worte des Kindleins nach, denn er konnte mit dem Auftrag nichts Rechtes anfangen.

Am Hochzeitshaus endlich angekommen, stieg der Knecht vom Pferde und warf den verstörten Köchinnen die Gänse zu. Die begannen sie schon zu rupfen, noch während sie in die Küche liefen. Darauf betrat er wieder den Festsaal und begab sich zu seinem Platz am Bierfaß hinüber. Anscheinend hatte man inzwischen irgendwo ein neues Faß auftreiben können, denn die Männer drängten sich nun vor dem Zapfhahn mit ihren Krügen, als ob sie schier am Verdursten wären. Nun glaubte der Knecht, die Weisung des Ünnerierdschenmädchens sogleich laut in den Saal hinausrufen zu müssen. Doch weil er sich über den Sinn derselben immer noch nicht im klaren war und sich besser vorerst darüber vergewissern wollte, erzählte er einem Freunde heimlich von der merkwürdigen Begegnung im Walde, und er fragte ihn abschließend: „Weißt du, was das bedeuten soll: ‚Reiter, sage Hahl, Pingel ist tot ...'?"

So leise er seine Frage auch vorgetragen hatte, kaum war sie jedoch ausgesprochen, da erhob sich ein Gewinsel zwischen den Gästen, das im Gedränge vor dem Zapfhahn begann, sich dann aber weiter ausbreitete und dabei lauter und lauter wurde, je mehr es sich zum Saale hin bewegte. Die Männer wurden plötzlich unsichtbar geschubst und gestoßen, daß ihre Krüge überschwappten; Stühle kippten um; und an einer Seite wurde das Tafeltuch vom Tisch gerissen, so daß Geschirr und Gläser zu Boden fielen. Mit einem Mal sah man kleine Zwerge hier und da im Raume umherlaufen, denen im Gewühl die Käppchen heruntergefallen waren und die sich nun Hals über Kopf zur Tür drängten. Es wurden ihrer immer mehr, so daß die Gäste entsetzt aufsprangen – überrascht von der Vielzahl der ungeladenen Nepper, welche sich nun gegenseitig laut winselnd und jammernd im großen Schwarm zum Ausgang schoben und sich dort zur Tür hinauszwängten.

Als der letzte schließlich den Saal verlassen hatte, eilten die Hochzeitsgäste zur Tür und schauten den Davoneilenden hinterher. Da sahen sie, daß die kleinen Männlein allesamt zuviel getrunken hatten. Denn während sie nun unter großem Wehklagen davonliefen, schwankte und schaukelte ein jeder im Schwarm auf seinen krummen Beinchen hin und her, so daß die Gäste an der Tür nach allem Entsetzen nun endlich auch noch zu ihrem wohlverdienten Vergnügen kamen. Sie lachten lauthals und schlugen sich vor lauter Gaudi auf die Schenkel, denn gleichzeitig fühlten sie sich wie befreit. Beim Anblick der davontorkelnden Ünnerierdschen nämlich schien ihnen das Rätsel um die allerorts geplünderten Hochzeitsfeste nun ein für alle Mal gelöst.

Der kleine Schneider vom Iserberg bei Grevesmühlen

Unweit von Grevesmühlen lebte einmal in dem Dorfe Hamberge ein Schneider; der war so klein, daß er auf den Stuhl steigen mußte, wollte er bei seinen Kunden Maß für einen neuen Anzug nehmen. Sein sehnlichster Wunsch war es, groß zu sein. Er hatte schon mancherlei Kräutlein getrunken und Streckungsprozeduren durchlitten – doch umsonst. So trug er Schuhe mit hohen Absätzen heimlich unter langen Hosen, um wenigstens eine Handbreit größer zu erscheinen. Dennoch reichte er anderen Männern nur bis an die Ellenbogen.

In seiner ganzen Verzweiflung trank der kleine Schneider sich einmal in der Dorfschenke einen Rausch an. Als er dann spätabends nach Hause ging, regnete es, und er öffnete seinen Schirm. So schwankte er verdrossen heimwärts, uneins mit Gott und der Welt, die ihn so klein hatten werden lassen. Dabei führte sein Heimweg ihn zwangsläufig am Iserberg vorbei, und ihm fiel ein, daß im Inneren des Berges die Ünnerierdschen leben sollten. Die hätten schon so manchem zu seinem Glück verholfen, so jedenfall hatten es ihm seine Kunden erzählt, wenn sie in seiner Schneiderstube saßen und ihm beim eifrigen Nähen zuschauten. Und manches fand dabei auch sein Erstaunen, denn es waren gescheite Leute darunter – Kaufleute und reiche Bürger aus Grevesmühlen, bisweilen sogar ein Ratsherr. So hob denn das arme Schneiderlein nun seinen Schirm in die Höhe und rief, die Ünnerierdschen sollten doch auch seinen dringlichsten Wunsch erfüllen und ihn so groß werden lassen, daß er mit dem Kopf bis an den Regenschirm heranreiche ...!

Zu Hause in seinem Bett schlief der kleine Schneider dann sehr unruhig. Er wälzte sich hin und her und zerwühlte Deckbett und Kissen aufs neue. Als er tief in der Nacht erwachte, spürte er das Holz des Bettrahmens sowohl oben an seiner Schädeldecke, als auch unten an den Fußsohlen. Eine Weile lag das Schneiderlein dann ganz still, denn ihm schien, es wäre ein Wunder geschehen. Einmal und noch einmal prüfte es das Gefühl von Holz sowohl mit den Zehen, als auch oben mit dem Kopf; und jedesmal bestätigte sich seine Mutmaßung aufs neue. „Frau ...! Frau!" rief das Schneiderlein da beglückt aus und konnte es selbst kaum fassen, was mit ihm geschehen war. In diesem Moment genoß es das höchste Glücksgefühl, das es jemals erlebt hatte. Und so machte es sich richtig steif und lang, damit die Frau das Wunder besser sah. „Frau, beeil dich! Mach fix das Licht an! Ich bin groß geworden ...!" Seine Frau zündete daraufhin nörgelnd die Lampe an und blickte lange zu ihm herüber. Verschlafen wischte sie sich noch einmal über die Augen. „Du Döskopf!" sagte sie dann. „Du liegst ja quer im Bett!"

Wenn später die Rede mal gelegentlich auf die Ünnerierdschen kam, so erzählten Leute aus dem Dorf, dann wäre der kleine Schneider immer richtig bös geworden. Er hätte geflucht und vor lauter Wut auf den Fußboden gespien. Er glaube nicht an derlei Spökenzeugs, soll er ausgerufen haben; die gäbe es ja gar nicht! „Das ist man bloß so'n Spinnkram von den Leuten, die sonst nichts im Kopf haben!" Doch soll er solches nur zu Hause in seiner Nähstube gewagt haben. Mußte er hingegen am Iserberg vorbei, was in dem kleinen Dorf ja nicht zu umgehen war, dann hätte er den Kopf immer sehr steif gehalten und den Mund fest verschlossen. Denn die Ünnerierdschen hätten ja auch Rache für seine Verwünschungen nehmen können und ihn noch kleiner werden lassen, als er es ohnehin schon war. Denn Grund genug für solcherlei Befürchtungen hat das Schneiderlein bei sich selbst durchaus erkennen können.

Vom Petermännchen
im
Schweriner Schloß

Die Ünnerierdschen erwählen das Männeken Peter

Wie immer, wenn zu Verlautbarendes unter das Volk gebracht werden soll, ist es das Gerücht, das schon vor aller öffentlichen Verkündung die Leute erreicht und sie längst vorher in große Beunruhigung versetzt. So ist es allenthalben bei den Menschen – nicht anders aber war es auch bei den Ünnerierdschen. Als diese eines Tages davon hörten, daß der mecklenburgische Landesfürst auf der Schweriner Burginsel ein Schloß errichten wolle, da betraf es vor allem jene Sippschaft von Ünnerierdschen, die im Petersberg bei Pinnow lebte. Sie waren die zum Burgsee am nächsten liegenden Nachbarn und wurden verständlicherweise sogleich von größter Aufregung erfaßt. Manche vermuteten unabsehbare Gefahren für ihr unbekümmertes Dasein, wenn solch ein Schloß mit seinen Herren und feinen Damen, mit vielen Soldaten und Steuereintreibern, mit Pferden und, ja, vor allem mit den ungestümen Jagdhunden seine Herrschaft in der Gegend antrat. Andere wiederum erhofften sich im Gegenteil ein unübertreffliches Gaudi davon; und sie schwärmten einander mit Begeisterung vor, wie sie unsichtbar zwischen dem reglementierten Hofgesinde umhertollen und den größten Schabernack mit ihm treiben könnten. Ja, Gerüchte sind nun mal immer zuverlässiger als öffentliche Verlautbarungen, und so warteten die Ünnerierdschen vom Petersberg die Verkündung erst gar nicht ab. Wie ein aufgescheuchter Bienenschwarm rannten die Kleinen im Inneren des Berges umher und debattierten miteinander und prügelten sich in allen Ecken.

Bis die Ältesten sie letztendlich zu einer Versammlung bestellten. So und so stünden die Dinge, erläuterte der greise Ältermann der gespannten Zuhörerschaft; und es ginge in der Tat nicht an, daß sie sich im künftigen Herrenhaus dann in ganzen Scharen dreist und unbekümmert wie auf einem schnöden Bauernhof austobten. Hier handele es sich immerhin um ein fürstliches Schloß! Dort walteten Anstand und Sitte. Und alle tumben Schabernacksgelüste wären dort mehr als nur unangebracht. Im Gegenteil: Ein jeder hier, wie sie vor ihm säßen, hätte die Burg für alle Zeiten tunlichst zu meiden – das hätte der Ältestenrat beschlossen; bis auf einen, einen einzigen aus ihrer Mitte nämlich, der ihre Interessen dort wachsam verfolgen und wahrnehmen solle. Ja, und ein achtbarer Kerl müsse nun also her, welcher die Aufgabe übernehme. Ein geschickter Bursche müsse das sein – klug und stark und gegebenenfalls auch listig. Und nun bitte er um Vorschläge.

Da setzte ein allgemeines Geraune ein, die Gedanken ihres Āltermanns leuchteten den Ünnerierdschen nach und nach ein. Doch wenn sie es recht verstanden hatten, galt es, einen aus ihrer Mitte zu wählen, damit er den verantwortungsvollen Dienst dort antrat.

Während sie da nun auf den Bänken saßen, die Händchen auf die Knie gestützt, schaute jeder zunächst seinen Nachbarn an und verzog abfällig das Gesicht. Es ließ sich so schnell einfach keiner finden. Und manche schienen auch gar keine Lust auf solch einen Dienst zu haben: die Gemeinschaft der Sippe zu verlassen und dann dort allein seinen Mann zu stehen ...? Sie winkten ab und schoben ihre krummen Beinchen lang.

Dennoch wurden bald erste Namen gerufen. Doch setzte als Antwort sogleich ein ablehnendes Gemurmel ein. Nein, dieser wäre zu einfältig, ermutigte sich einer zu sagen, und jener allzu häßlich. Man stelle ihn sich einmal vor, wenn er bei Gelegenheiten mal sein Käppchen abnehmen und sich sehen lassen müßte ...! – Und ein dritter? – Ja, der wäre zwar schlau genug, aber sein Spürsinn richte sich bekanntermaßen mehr auf den Umgang mit Pferden und Hunden und weniger auf den mit Menschen! Einbein wurde schließlich genannt, „... ja, Einbein, das ist 'n pfiffiger Bursche!" – Aber es gäbe da so viele Wendeltreppen im Schloß, wurde dem wieder entgegengehalten; selbst wenn Einbein sich unsichtbar machte, sein Gehopse würde man dennoch immerzu hören können ... Alles gut und schön, wurde von vorn erinnert, aber es müsse auch jemand sein, der außergewöhnlich kräftig sei. Denn derjenige hätte die Schlüssel von allen Zimmern des Schlosses am Gürtel zu tragen, und das wären immerhin dreihundertfünfundsechzig! – Das war nun wieder ein neuer Gedanke. Und so wurde weitergegrübelt. Bis plötzlich das Männchen Peter vorgeschlagen wurde. Und als besagter Peter sich daraufhin langsam von seinem Platz erhob, da waren alle eine Weile still. Denn wie sich bei den Menschen beispielsweise ein Diskuswerfer allein durch seine beachtliche Statur unter allen anderen heraushebt, so stand nun das Männchen Peter mitten zwischen ihnen – ein Hüne unter den Ünnerierdschen. Seine Brust wölbte sich respektabel, die Schultern dehnten sich stattlich, und seine gesamte Gestalt beeindruckte alle Anwesenden dermaßen, daß jeder sich augenblicklich sagte: „Ja, der und kein anderer! Das ist genau der richtige Mann!" Immerhin überragte er sie alle um eine ganze Handbreit.

Dieser Peter war der Schmied hier im Berge, ein zuverlässiger und vortrefflicher Handwerker. Alle Reifen und Ketten, welche er je gefertigt hatte, erwiesen sich von außerordentlicher Festigkeit und Güte; vor allem auch die vielen Grabespaten, welche sie fortwährend zum Bau ihrer Gänge benötigten! Auch solide Geistesgaben konnte man ihm also bescheinigen. Hinzu kam, daß er auch derjenige war, der mit seinem Prägehammer im Handumdrehen einen guten Haufen Taler von den Goldbarren schlagen konnte. Ja, Peter war genau der richtige Mann für diese Aufgabe. Sie wunderten sich nur, daß sie nicht gleich darauf gekommen waren. So ließ der Ältermann dann endlich abstimmen, und alle hoben ihre Händchen. Und Peter räusperte sich würdevoll und nahm den Auftrag auf männliche Art kurzentschlossen an.

In den folgenden Tagen hob darauf eine Emsigkeit unter den Ünnerierdschen an, wie es sie ihresgleichen im Berge noch nie gegeben hatte: Denn das Männeken Peter mußte für sein neues Amt ordentlich hergerichtet werden! Alle Gewerke waren damit beschäftigt, das Nötige für ihn auf das beste herzustellen – die emsigen Schneider und Hutmacher, die Schuster, Kürschner, Harnischklempner, die Schlüsselschlosser und die Laternenbauer; und nicht zuletzt sein Freund, der zweite Schmied, welcher ihm ein Wunderschwert für alle unvorhergesehenen Fälle zurechtschmiedete. Es war ein Pochen, Rattern und Schaben, ein Klingen, Quietschen und Nageln an allen Ecken und Enden, wie es in dieser Berghöhlung noch niemals zu hören gewesen war. Nicht zu vergessen die fleißigen Grabenbauer, die zur selben Zeit eilends einen unterirdischen Gang vom Petersberg unter dem Pinnower und dem Schweriner See hindurch bis hin zum Schweriner Schloß schaufelten. Das Männchen Peter aber stand währenddessen gelassen inmitten des ganzen Aufruhrs und ließ an sich Maß nehmen. Nun verwendeten Ünnerierdsche niemals ein Zentimetermaß, weil sie davon fortwährend daran erinnert worden wären, wie klein sie sind. So maßen sie für gewöhnlich mit Fäden, welche sie nun über die Brust des kleinen Hünen spannten und mit denen sie auch seine Ärmellänge und das Schrittmaß bestimmten; oder sie taten es, wie die Schuhmacher, flugs mit den Spannen ihrer kleinen Hände.

Und endlich stand er dann fertig da, ihr Held Peter – ausstaffiert und gewappnet, ein Männeken wie aus dem

Buche. Allesamt gingen sie langsam um ihn herum und bestaunten und begutachteten ihn von allen Seiten. Die Weiber griffen neugierig nach seinen Ärmeln und befühlten den Stoff seines Wamses; und die Männer pochten an die Brustwölbung seines Harnischs und nickten einander zu. An seinen Gürtel hängten sich indessen ein halbes Dutzend Kinder, ohne daß er riß; und die Stulpenstiefel waren zu ihrer aller Bewunderung so weit zugeschnitten, daß in jeden noch ein halber Sack Korn hineingepaßt hätte! Doch galt die allgemeine Hochachtung vornehmlich seiner Kopfbedeckung. Die Hutmacher hatten sich nach langer Beratung für einen steilaufstehenden Trichter mit stattlicher Krempe und einem immensen Federbausch entschieden. Es wäre zwar etwas schwierig, erläuterten sie dem Volke, den beachtlichen Kopfschmuck zum Zwecke eines gegebenfalls schnellen Sichtbarmachens flugs ziehen zu können, doch wäre es einfach nicht denkbar, ihren Peter dort unter all den hochfeinen Leuten mit einem billigen Käppchen umherlaufen zu lassen. Auch Hüte machten Leute ...!

Nachdem seine Sippengenossen ihrer Neugier Genüge getan und schließlich von ihm abgelassen hatten, riefen die Ältesten den Peter noch einmal zu einer letzten geheimen Unterredung. Er solle sich vor allen Dingen, ja sogar mit Leib und Leben, in den Dienst der fürstlichen Familie stellen und für deren Wohl sorgen, wurde ihm aufgetragen. Denn solange es der fürstlichen Familie gutgehe, ginge es auch ihnen, den Ünnerierdschen hier im Pinnower Berge, gut ... So gaben sie ihm noch diesen und jenen Tip, was er zu tun und besser zu lassen habe, und bei welchen Gelegenheiten er sich sichtbar zeigen solle und wann lieber nicht. Zuletzt klopften sie ihm allesamt, einer nach dem anderen, auf die Schulter und wandten sich ab.

Das war das Zeichen für den Aufbruch. Darauf nahm auch das Volk Abschied, indem es sich im Halbkreis um den Ausgang aufstellte. Und dann stieg besagter Peter in den Gang hinein. In diesem Moment ertönte aus den Reihen der Mägdlein ein herzzerreißendes Schluchzen, denn auch unter den Ünnerierdschen gab es ja Liebschaften. „Plärr nicht!" war aber gleich tröstend zu vernehmen. „Oder denkst du etwa, da wird dir eine von den großen Menschenmädchen deinen Bräutigam wegnehmen ...?"

Seither versieht der Mönk Peter, von den Menschen auch seines zierlichen Wuchses wegen „Petermännchen" geheißen, über alle guten und schweren Zeiten hinweg sein sonderliches Amt im Schweriner Schloß.

Petermännchens erste Abenteuer im Schweriner Schloß

Sich mit Leib und Leben in den Dienst der fürstlichen Familie zu stellen, diesen Auftrag seiner Ältesten nahm das Männeken Peter vom ersten Augenblick, seit es das Schloß durch den unterirdischen Gang betreten hatte, sehr ernst. Ja, es verstand ihn geradezu als ein Vermächtnis seines beunruhigten Volkes. Und bei Lichte besehen war diese Aufgabe sogar ein wenig nach seinem Geschmack. Aber das blieb seine Sache ... So also in der neuen Welt angekommen, hatte sich das Petermännchen, zunächst noch unsichtbar, noch gar nicht so recht im Schlosse umsehen können, als es sich in seiner neuen Bestimmung auch schon zum erstenmal gefordert sah ...

Mit einem naiven Unverständnis hatte Petermännchen nämlich zufällig beobachten müssen, wie ein junger Schloßbeamter mit mancherlei Schmeicheleien die Prinzessin, ein außergewöhnlich schönes Kind, in einen seitlichen Schloßflügel lockte, wohin sie ihm auf unschuldige Weise folgte. Dort wurde sie von dem rüden Burschen unversehens in ein Zimmer gestoßen, das er hinter sich verschloß. Nun schien dem Petermännchen, es sei an ihm, auf den Plan zu treten! Verlangte seine neue Aufgabe nicht geradezu danach? Da vernahm es auch schon ein verzweifeltes Schreien der jungen Fürstentochter. Und ohne noch lange zu zaudern, verschaffte es sich unverzüglich Eintritt in die Kemenate. Unsichtbar stand es dann einen Augenblick im Raume, und so wurde es zum Zeugen eines heftigen Gerangels, bei dem der junge Geck unzweideutige Versuche unternahm, die schöne Jungfrau zu erobern, während sie selbst sich ihm in verzweifelter Gegenwehr widersetzte. Als der üble Kerl ihr schließlich das Mieder löste, da hielt das Petermännchen den Augenblick seines Eingreifens für gekommen. Mit seinem starken Schmiedearm holte es aus und schlug dem Lüstling so unbarmherzig ins Gesicht, daß der sogleich erschlaffte und wie tot zu Boden fiel.

Glücklich, seiner Pflicht damit Genüge getan zu haben, nahm das Petermännchen nun seinen Hut vom Kopf, womit es sich zu erkennen gab, und verbeugte sich artig vor dem schönen Kind. Er wäre zwar spät, doch immerhin noch im rechten Augenblick gekommen, entschuldigte der kleine Retter sich lächelnd mit Verlegenheit. Die echauffierte Prinzessin aber wurde zu seiner Verwunderung wütend. Sie schloß das Mieder mit hitzigen Fingern und verdeckte mit nur geringem Eifer ihre Blößen von Brust und Schultern. „Du garstiger Kerl!" schrie sie ihn an. „Was willst du hier überhaupt! Mach, daß du wegkommst!" Da stand das arme Petermännchen nun wie versteinert da; und die schöne Prinzessin schritt an ihm vorbei und zur Tür hinaus, wieder untadelig gekleidet und mit stolzem Gang – ganz und gar eine edle Fürstentochter. Das Männeken Peter aber stand noch eine Weile auf derselben Stelle und verstand die Welt nicht mehr ...

Wenig später, als sich Petermännchen dann in Bewegung gesetzt hatte, begegnete ihm ein anderes Männlein mitten im Gang. Zu seiner Verwunderung war es kaum größer als es selbst und trug gar lächerlich bunte Kleider. Neben ihm angekommen, schlug das närrische Wesen plötzlich einen Purzelbaum, stand dann überraschend schnell wieder auf den Beinen, und als das Petermännchen sich verdutzt umschaute, zeigte es ihm frech die Zunge.

Während Petermännchen, der merkwürdigen Begegnung noch nachsinnend, dann weiterging, stand es unversehens vor einem großen Spiegel. Es schaute hinein und erschrak nicht wenig. Denn es war das erste Mal, daß es sich selbst in einem Spiegel erblickte. Aha, so sah es also aus! Petermännchen drehte sich nach links und nach rechts; und wenn es den steifen Hut auf seinen Borstenkopf setzte, dann war der Spiegel leer; und nahm es ihn wieder ab, dann stand das ganze Kerlchen wieder da – schmuck und klein und tapfer. In diesem Moment lernte das Petermännchen etwas sehr Entscheidendes für sein künftiges Leben hier am Fürstenhofe: Es würde sich fortan immer dann unsichtbar machen, so beschloß es für sich, wenn es, wie sein Auftrag von ihm verlangte, um Schutz und Ordnung hier im Schlosse ginge. Andernfalls aber würde es sich jedermann in seiner ganzen Statur zeigen, sobald ihm nach Spaß und Gaudi zumute wäre; denn auf dieses Vergnügen wollte es nicht ganz verzichten. Aber das mußte es auch nicht. Im Gegenteil wurde ihm selbiges eher noch leicht gemacht. Denn ihm kam entgegen, daß auf Treppen und in Gängen, im Vestibül und sogar auf dem Hof Dutzende von solchen kleinen, lustig gekleideten Kerlchen ohne rechten Sinn umherschlenderten. Vermutlich hielt man sich hier eine ganze Schar von solchen zwergenhaften Menschen zum Zwecke der allgemeinen Belustigung. Zwischen ihnen aber, so kalkulierte der unsichtbare Kleine gleich, könne er gut untertauchen.

Petermännchen hatte sich dann schon eine ganze Weile im Schlosse umgesehen – da stieß es unversehens auf eine Affäre, welche man heutigentags vielleicht einen Kriminalfall nennen würde, die aber seinem ehrlichen Empfinden zufolge auf das ungerechteste geahndet schien. Es war gerade dabei, die unterirdischen Gänge zu inspizieren, welche seine Freunde aus dem Petersberg wie ein Labyrinth unter dem Schlosse zu seinem Schutz und Bedarf frisch gegraben hatten. Da stand es auf einmal vor einem Kerker aus festen Gitterstäben, in dem ein einzelner Mensch bemitleidenswert darbte und vor Kälte zitterte. Er sei ein höherer Beamter, stellte der Eingekerkerte sich barmend vor, indem er sein blasses Gesicht zwischen das Gitter drückte. Ein Freund, welcher diebisch in das

Schatzkästlein der Fürstin gegriffen und eine Menge des kostbarsten Geschmeides geraubt hätte, hätte ihn, den Unschuldigen, der Tat beschuldigt, worauf man ihn ergriffen und hier eingesperrt habe, während der wahre Dieb indessen fröhlich und unbekümmert seiner Tage lebe. Petermännchen in seinem ehrlichen Herzen konnte eine so ausgemachte Niedertracht einfach nicht hinnehmen, und so sagte es dem Gepeinigten seine Hilfe zu. „Du bist ein Freund!“ jammerte der bleiche Mensch durch das Gitter. „Du bist wie ein richtiger Freund zu mir!“ Und er hätte gern mit seinen dürren Armen zwischen den Gitterstäben hindurchgelangt und Petermännchens Wangen liebkost.

Petermännchen trug ihm zunächst ein paar Wolldecken ins feuchte Verließ hinunter, damit der arme Mensch nicht weiter fror. Darauf brachte er ihm zu allen Mahlzeiten heimlich warme Speisen, die er dem Hungrigen durch das Gitter hindurchreichte, oder einfach mal einen Becher Wasser. Und der Gefangene bedankte sich ein übers andere Mal herzlich bei seinem kleinen Wohltäter.

Vor allem aber wollte Petermännchen Ordnung in die Angelegenheit bringen und den wahren Dieb seiner gerechten Strafe zuführen. Welcher von den feinen Herren der Bösewicht wäre, das hatte ihm der Eingekerkerte schnell schildern können; auch in welchem Zimmer er lebte. So kostete es den Peter nur wenig Mühe, und er hatte den richtigen Schlüssel aus seinem Schlüsselbund herausgefischt. Unsichtbar betrat er dann das Zimmer des Räubers – und im selben Augenblick hatte er das Diebesgut auch schon entdeckt! Unverschämt offen lag es da, er hatte es gar nicht erst suchen müssen. „Der dreiste Spitzbube soll bald entlarvt sein!“ dachte das Petermännchen daraufhin entschlossen und fädelte augenblicklich einen geradezu genialen Plan ein: Es steckte sich eine Handvoll von all den kostbaren Ringen, Ohrgehängen und Edelsteinen in seine Hosentasche und ließ, selbst unsichtbar bleibend, ab und zu, wo jener räuberische Edelmann dreist vor anderen edlen Herren und Damen umherstolzierte, ein Schmuckstück nach dem anderen hinter dessen Rücken zu Boden fallen. Der Aufruhr, welcher dadurch verursacht wurde, hätte größer nicht sein können. Zunächst glaubte man an ein peinliches Mißverständnis. Doch als sich der Vorfall aufs neue ereignete, ergriff man den üblen Kerl und sperrte ihn anstelle des bisher vermeintlichen Diebes unten in das finstere Loch. Petermännchens Freund aber, dessen Unschuld nun erwiesen war, wurde mit mancherlei Zeichen des Bedauerns auf freien Fuß gesetzt. Wie groß war aber die Freude bei Petermännchen selbst, daß es mit seinem klugen Handeln für Gerechtigkeit in diesem Falle gesorgt hatte!

Um so weniger verstand es dann die Welt, als nach drei Tagen sein Freund verschwunden war. Und mit ihm nicht nur ein Teil des kostbaren Geschmeides, sondern gleich die gesamte Schmuckschatulle der Fürstin. Und als man, nichts Gutes ahnend, spornstreichs zum Verließ hinabstürzte, da stand die Gittertür sperrangelweit auf, und der edle Insasse war fort. Fort alle beide. – Unter dem Vorfall hat das Petermännchen schwer leiden müssen, weil es nun ganz und gar nicht wußte, wem es fortan in der Welt der Menschen trauen sollte und wem nicht.

Petermännchens Standhaftigkeit und Versuchung

Ja, für Recht und Ordnung zu sorgen, das war Petermännchens Auftrag hier. Doch fiel es ihm oft gar nicht so leicht. Denn wer von der ganzen Dienerschaft, von all den Pagen, Lakaien, Boten und Serviermädchen, die ununterbrochen mit dringenden Aufträgen durch Gänge und Flure des Schlosses eilten, nahm den kleinen Gnomen schon ernst! Wenn er ihnen mit seinen breiten Schultern und seinem gewichtigen Schritt entgegenkam, war er ihnen eher ein Hindernis bei ihren eiligen Verrichtungen und als pflichtbewußter Schloßgeist nicht gerade zu erkennen. Das Petermännchen begann inzwischen mit skeptischem Blick zu deuten, welche von all jenen, die da Fleiß und Emsigkeit an den Tag legten, der fürstlichen Familie wirklich zugetan waren und welche vermutlich nicht. Und es entging ihm auch nicht, wer ihm selbst, dem jetzigen Hüter des Hauses, auf freundliche Weise begegnete, und wer ihn dagegen beschimpfte, verhöhnte oder gar mit heftigen Fußtritten zu traktieren suchte.

Da gab es beispielsweise einen Kammerdiener namens Gardemin, welcher aufgrund seiner persönlichen Nähe zum Fürsten gegenüber jedermann im Hause die Nase sehr hoch trug. Andererseits aber empfand er es als sein Verhängnis, dem Fürsten bei Festlichkeiten bis tief in die Nacht hinein noch zur Hand gehen zu müssen, wenn die anderen Diener schon schliefen. Und eben dieser Gardemin war es, der keine Gelegenheit ausließ, den kleinen Kerl mit bösem Hohn zu überschütten, wo immer er ihm in die Quere kam. Als das Petermännchen so einmal spät in der Nacht die schmale Wendeltreppe vom Keller zum Vestibül hinaufstieg, begab es sich, daß besagter Gardemin ihn von hinten eilig bedrängte. Zu seinem Ärger war er noch zu so später Stunde in den Keller geschickt worden, um eine Flasche Wein zu holen. Petermännchen nun, den unliebsamen Hausgenossen hinter sich wissend, beschleunigte seine Schritte um keinen Deut. Im Gegenteil reckte es sein Kreuz nur noch beträchtlicher in die Breite, damit jener auch ja keine Gelegenheit fand, an ihm vorbeizuschlüpfen. Da die Treppe aber viele Stufen hatte, konnte der Gardemin bald nicht mehr an sich halten. „Beeil dich, du häßliche Kröte!“ rief er wütend aus. „Oder ich schlage dir die Flasche auf den Schädel!“ In diesem Moment dankte das kleine Petermännchen seinen heidnischen Göttern, daß sie ihn zu einem Schmied hatten werden lassen. Und so drehte es sich gelassen und langsam um und schlug dem ehrenwerten Kammerlakaien eine so gewaltige Maulschelle ins Gesicht, daß der die Treppe hinunterpurzelte und unten wie tot liegen blieb. Erst eine halbe Stunde später wurde er von anderen Bediensteten, die ihn inzwischen gesucht hatten, mit mancherlei Essenzen wieder zum Leben erweckt. Von diesem Tage an aber war das Verhältnis zwischen Petermännchen und Gardemin geklärt.

Doch gab es andererseits auch eine ganze Anzahl von Dienern und Mägden im Schlosse, welche dem gewichtigen Kerlchen freundlich zugetan waren. Wenn sie ihm unterwegs begegneten, wichen sie ihm mit betontem Schwung aus und fanden ein nettes Wort für ihn; junge Zofen steckten ihm mal schnell eine Leckerei zu; und seine besten Freunde nahmen es sich heraus und machten sogar einen übermütigen Bocksprung über ihn hinweg, wenn sie ihn überholten. Das Männeken Peter nahm nichts so leicht übel, denn es begann im Laufe der Zeit zu verstehen, was gut und böse war unter den Menschen. Und manches wußte es bald zu deuten.

Von einer Marotte aber konnte das Petermännchen nicht lassen – es war ein rechter Pferdenarr. Nun war Pferdeliebe wohl allen Ünnerierdschen eigen. Aber ihm als Schmied, der Hufeisen für die Pinnower Ackergäule gefertigt und die Pferde geschickt und auf das gutmütigste selbst beschlagen hatte, ihm lagen diese großen, starken und anmutigen Tiere so sehr am Herzen, daß es ihn immer wieder zu ihnen hinzog.

So ging Petermännchen so manches Mal zum Marstall hinüber und überprüfte dort den Zustand der Pferde und kontrollierte gewissenhaft ihr Futter. Und wo es auf ordentliche Pflege traf, da legte es zuweilen für den Stallknecht einen Goldtaler unter den Hafer in die Krippe. Traf es hingegen aber mal auf ungepflegte oder gar schlecht genährte Pferde, dann verabreichte es unsichtbar dem jeweiligen Knecht eine solche Maulschelle, daß der sich dreimal um sich selbst drehte. So ist es nur allzu verständlich, daß das Petermännchen immer dabei war, wenn die fürstliche Kalesche vorfuhr, um den Herren oder seine Familie auszufahren. Dann ging es wachsamen Blickes um die fürstliche Kutsche und das Rappengespann herum und prüfte, ob die Radnaben gefettet und die Speichen poliert waren und golden genug glänzten; und ob vor allem die Stuten ordentlich gestriegelt waren. Fand es aber irgendwo einen Dreckfleck, dann konnte es geschehen, daß sich auch der hochherrschaftliche Kutscher jäh von einer kräftigen Maulschelle getroffen sah.

Ein besonders freundschaftliches Verhältnis hegte das Petermännchen zu manchen Wachsoldaten des Schlosses. Denn es wußte, daß die meisten unter ihnen Söhne von Landarbeitern und Bauern waren, die insgeheim darüber froh waren, hier ein leidliches Leben führen zu können. So trieben sie allerlei Schabernack miteinander. Manchmal kam es dabei soweit, daß Petermännchen einen von ihnen zum Ringkampf herausforderte. Und bald galt es als ein gefürchteter Gegner, der jeden großen Kerl auf den Rücken werfen konnte.

Einmal aber geschah es, daß das Petermännchen nachts bei seinem Rundgang auf einen Soldaten traf, der in der Grotte stehen und das Schloß gegen Feinde von See her bewachen sollte. Langsam trat es an den Soldaten heran und sah, daß der im Sitzen fest schlief. Die Muskete hatte er weit von sich gelegt. Das Petermännchen erkannte in ihm einen Bauernsohn aus der Gegend wieder, welcher den ganzen Tag seinen Eltern bei der Ernte geholfen hatte und nun von Erschöpfung übermannt war. Wenn jetzt, was zu befürchten stand, der wachhabende Korporal auf seinem Kontrollgang daherkam und den Schläfer erwischte, würde das eine harte Strafe nach sich ziehen, überlegte das Petermännchen. So zupfte es den Soldaten am Ohr, doch das half nichts. Es hielt ihm die Nase zu, damit der Soldat nicht weiteratmen konnte. Da schnarchte der durch den offenen Mund. Als das Petermännchen ihm darauf aber auch noch das Kinn hochdrückte, damit er den Mund schloß, sprang der Soldat plötzlich auf, holte mit dem Bein aus und wollte dem lästigen Quälgeist gerade einen Tritt versetzen – als just in diesem Moment der diensthabende Korporal um die Ecke bog. Da nutzte der Soldat raffiniert den Schwung seines Beines, um eine ordentliche Ehrenhaltung herzustellen. Das Petermännchen, das sich schnell unsichtbar gemacht hatte, reichte ihm indessen flugs die Muskete zur Schulter hinauf. So stand der Soldat dann pflichtgetreu und vorschriftsmäßig vor seinem Vorgesetzten. „Na, Soldat, nichts Besonderes?“ fragte der Korporal. – „Nichts Besonderes, Herr Korporal!“ antwortete der Soldat akkurat. „Kein Feind zu sehen!“ – „Hierher kommt auch kein Feind“, antwortete darauf der Korporal. „Das ist ein guter Posten zum Ausruhen. Schlafen Sie mal ein bißchen. Morgen geht's wieder mit der Sense in den Hafer ...“ Als der Korporal dann wieder verschwunden war, grinste der Soldat das Petermännchen dreist an: „Das war nicht in Ordnung, daß du mich geweckt hast. Du hättest mich mal besser schlafen lassen sollen!" sagte er. – „Soll ich solange vielleicht ein bißchen aufpassen?" bot das Petermännchen an. – „Ach was!" lehnte der Soldat entschieden ab und machte sich's wieder bequem. „Hier ist seit hundert Jahren kein Feind mehr angelandet. Warum soll er denn gerade in dieser Nacht angerudert kommen ...?"

Petermännchen entfernte sich darauf und gab in diesem Falle klein bei. Doch fühlte es sich dabei nicht recht wohl; denn immerhin trug es die Bürde der Verantwortung für das Schloß. Ja, es war wohl eine falsche Freundschaft, so überlegte es, auf die es da hereingefallen war. Und das Petermännchen nahm sich vor, es in Zukunft auch seinen Freunden gegenüber an Wachsamkeit nicht fehlen zu lassen ...

Petermännchens Liebeskummer

Die Natur ließ sich einfach nicht überlisten: Petermännchen war ein Mann. Und es war zudem in jenem glücklichen Alter, wo schon ein leises Frauenlachen an einem lauen Sommerabend draußen im Park das Blut unweigerlich in Wallung bringt. Was Wunder also, wenn Petermännchen den Mägden und Dienerinnen des Schlosses besondere Aufmerksamkeit entgegenbrachte! In den Korridoren blieb es stehen und genoß den anmutigen Gang der jungen Schönen; und stieg zufällig mal eine von ihnen vor ihm die Treppe hinab, dann konnte es sich beim Anblick des flauschigen Nackenhaares vollends vergessen. Ja, Petermännchen hatte zwar sein Liebchen jenseits des Pinnower Sees bei seinem Ünnerierdschenvolke. Aber das war weit weg. Und sie hatten sich seit seinem Fortgang nicht wieder gesehen. Wer weiß, wie die Dinge inzwischen dort liefen! Es selbst aber war nun mal hierher verpflanzt worden, und es gab kein Zurück mehr für ihn. „Was also soll's!" dachte das Petermännchen so bei sich. Andererseits aber war das Schloß voll von schönen, langgliedrigen und wohlgeputzten Menschenjungfrauen ... – Nicht daß der kleine Kerl nun auf Brautschau ausgewesen wäre; nein, dazu war er mit einer allzu großen Dienstaufsichtspflicht ausgestattet. Doch konnte er dem allerorten ihn umgebenden und umschwebenden Reiz der holden Weiblichkeit nur schwerlich etwas entgegenhalten.

So zog es das arme Kerlchen jedesmal unwiderstehlich zum Pfaffenteich hin, wenn es vernahm, daß die jungen Mägde dort wären und ihre Wäsche wuschen. Dann eilte das Petermännchen quer durch die Stadt, um schnell in ihre Nähe zu gelangen. Und so fand es sie auch jedesmal vor, wie sie dort nebeneinander bis zu den Waden im Wasser standen – die Röcke flüchtig über den Knien zusammengeschürzt – und mit kräftigen Bewegungen ihre Wäsche schrubbten und sie im Wasser schlugen. Dann erwies sich der kleine Kerl als ein arglistiger Possenreißer. Er warf Steine vom Ufer aus in ihre Nähe, daß das Wasser bei ihnen aufspritzte; oder er zog sich gar die Stiefelchen aus, stieg selbst ins Wasser hinein und benetzte das lustige Weibsvolk, indem er mit seiner flachen Hand auf die Wasseroberfläche schlug. Die Mädchen antworteten darauf mit Gekreische, spritzten ihn nun ihrerseits naß und trieben ihn auf diese Weise zum Ufer zurück. Es waren freundschaftliche Schäkereien beiderseits, und das Petermännchen genoß dabei noch den schönsten Lohn; nämlich den des Anblicks ihrer jungfräulichen Ausgelassenheit und, ja, nicht zuletzt auch den ihrer feuchten, blanken Kniekehlen im Wasser – worauf es ihm eigentlich ein bißchen angekommen war. Nur wenn mal ein junger Bursche vorüberging und einen kecken Flötenpfiff zu den Wäscherinnen hinüberschickte, dann traf es ihn ins Herz. Denn dann schauten sie sich allesamt nach dem Burschen um und vergaßen im selben Augenblick das kleine Kerlchen hinter sich.

Nun stand neben den jungen Mädchen oft eine schon etwas ältere Jungfer. Sie unterschied sich bei ihrer Tätigkeit im besonderen durch ihre nachdrücklich tadelsfreie Haltung von den aufgeräumten Jungfrauen. Sie hatte dünnes schwarzes Haar, ein blasses Gesicht und schmale Lippen; und sie betrug sich vor allem bei allen Neckereien ihrer ausgelassenen Nachbarinnen äußerst wohlerzogen und unanfechtbar. Nein, offensichtlich störten sie die freundschaftlichen Wasserpossenspiele sogar, sie empfand sie sichtlich als unangenehm; und dabei ließ sie keine Gelegenheit aus, die Mädchen auf Anstand und sittsames Verhalten hinzuweisen – insbesondere wenn Burschen vom Ufer her kesse Wörter herüberriefen. – „Die hat bloß keinen abgekriegt", verständigten die Mädchen sich heimlich untereinander; die wäre schon zu alt. Kein Pferdeknecht würde sie noch zur Frau nehmen wollen, und nur deswegen wäre sie so giftig.

Auch Petermännchen konnte diese engherzige Person nicht verknusen. Also beschloß es eines Tages, ihr einen tüchtigen Streich zu spielen. Nach mancherlei Gegrübel kam es auf eine Idee, wie es das gestrenge Weibsstück zum Gaudi der jungen Wäscherinnen und zu ihrem eigenen Entsetzen bloßstellen könnte. Dazu mußte eine Männerunterhose her! Die wollte Petermännchen ihr heimlich unter ihre Wäsche mischen. Also bat es einen Soldaten, ihm seine schmutzigen Unterhosen zu überlassen ...

So geschah es eines Tages, als die züchtige Person die Mädchen gerade wieder einmal zu Moralität und sittlichem Anstand ermahnte, daß sie just im selben Augenblick eine hartgesottene Männerunterhose im Wasser vor sich ausbreitete. Ihr großes Entsetzen wurde dann nur noch vom schadenfrohen Gelächter der Mädchen übertroffen, denen der peinliche Vorgang natürlich nicht entgangen war ...

Wie auch immer: Das Petermännchen erzählte dem Soldaten, welche Weibsperson seine Beinkleider so ordentlich gewaschen hätte – und zu seiner Verblüffung sah es bald den Soldaten und die sittliche Wäscherin beisammen; und nicht lange, da wurden sie Mann und Frau. –

Nein, Petermännchen, wenn auch in aller Heimlichkeit, war währendessen auch wirklich verliebt. Doch nicht in eine der jungen Wäscherinnen vom Pfaffenteich. Seine Liebe galt, ohne daß sie es wußte, der Köchin im Schlosse. Niemand sonst im ganzen Schlosse wußte davon. Und Petermännchen konnte nicht anders – es hielt sich alle Tage in ihrer Küche auf; allerdings unsichtbar. Es sprach mit der Angebeteten und half ihr, wo immer es nur konnte; es trug Teller und Schüsseln umher, schälte Möhren und Kartoffeln. Doch sich ihr in seiner beschämenden Kleinheit zu zeigen, das brachte Petermännchen einfach nicht übers Herz. Denn besagte Mamsell war eine angenehme Person mit schönen körperlichen Rundungen und wohltuend sanften Bewegungen. Und hätte Petermännchen sich ihr gezeigt, so fürchtete es, dann hätte es augenblicklich auf jegliche Sympathie ihrerseits verzichten müssen, die es, solange es sich unsichtbar um sie herum in der Küche bewegen konnte, ein wenig zu spüren glaubte.

Offenbar aber nahm auch die Neigung der Köchin zu ihrem unsichtbaren Freunde stetig zu; denn eines Tages bat sie ihn, er möge sich ihr doch endlich zeigen. – „Nee", lehnte das Petermännchen aber ab. „Ich mich dir zeigen – das möchte ich nicht so gern." Doch die Köchin ließ nicht nach. Sooft sie nun beide allein in der Küche waren, bat sie ihn immer wieder: „Petermännken, mein Freund – ich bitte dich, laß dich doch mal sehen! Nur für mich! Nur einen Augenblick!"

Petermännchen wußte am Ende nicht mehr, wie es sich noch länger aus der Schlinge ziehen könnte, und so ging es eines Tages darauf ein: „Gut, ich werde mich dir zeigen!" Nur benötige es dazu eine Backmolle, sagte es. Die solle die Köchin ihm in der Küche lassen und dann hinausgehen. Und wenn sie nach einer Weile wieder hereinkäme, dann solle sie die umgedrehte Backmolle vom Tisch anheben. Dann könne sie ihn sehen.

Nun hatte sich das Petermännchen dazu natürlich einen Plan zurechtgelegt. Doch fiel sein Vorhaben nach Art der Ünnerierdschen wieder einmal um ein ganzes Stück zu derb aus. In seiner Not nämlich holte Petermännchen flugs ein Ferkel aus der Speisekammer, das gerade erst frisch geschlachtet worden war, zog sich daraufhin schnell sämtliche Sachen vom Leibe und zog diese dem Ferkel an, welches, wenn es ausgestreckt auf dem Rücken lag, ungefähr seine Größe hatte. Zuletzt trieb es seinen groben Ünnerierdschenschalk noch unnötigerweise auf die Spitze, indem es dem Ferkel ein handfestes Küchenmesser mitten ins Herz stach. Dann deckte es die Molle oben drüber.

Als nun nach einer Weile die Köchin neugierig wieder die Küche betrat und vorsichtig die Backmolle anhob, da brach sie in ein entsetzliches Geschrei aus. Sie warf die Molle bestürzt zur Seite, sah das tote Kerlchen da liegen, aus dessen Herzen noch etwas Blut drang, das das Messer benetzte, und schrie unaufhaltsam, als wäre sie im Kopf wirr geworden. Petermännchen, das sich währenddessen unsichtbar in der Küche aufhielt, konnte noch sooft rufen: „Köksch! Köchin! Das bin nicht ich! Das ist ein Ferkel! Guck nach – das ist bloß ein Ferkel! Das bin ich nicht!" Doch der Anblick des blutquellenden Kerlchens auf dem Küchentisch überstieg alles, was die gute Frau zu erfassen je in der Lage war. Sie konnte nicht aufhören zu schreien, sondern warf sich die Hände vors Gesicht und rannte zuletzt aus der Küche hinaus und sonstwohin ...

So endete Petermännchens große Liebe. Das schüchterne Kerlchen ist nicht wieder in die Küche gegangen und hat es auch tunlichst vermieden, der guten Frau anderweitig zu begegnen. Statt dessen mußte es mit ansehen, wie die angebetete Person später einen Kutscher aus dem Marstall heiratete. Und wie betrübt Petermännchen in seinem Herzen auch war – es wünschte den beiden Glück. Und es hat den Kutscher nie geschlagen, wenn es im Marstall mal seine Pferde inspizierte.

Petermännchen will Pinnow von der Kriegssteuer befreien

Krieg und schlechte Zeit waren über das Land gekommen. Wie es sich später herausstellte, hat dieser Krieg halb Europa verwüstet und ist als der „Dreißigjährige" in die Geschichte der Menschheit eingegangen. Petermännchen als Heide verstand die Welt nicht mehr. Denn es waren doch Christen, die sich gegenseitig bekämpften! Christliche Heerscharen brandschatzten allenthalben im Lande und legten die Häuser und Gehöfte von christlichen Bauern in Schutt und Asche; sie trieben deren Vieh fort, vergewaltigten ihre Frauen und töteten Greise und Kinder. Schlimmer konnte es nicht mehr werden.

Petermännchen war über alledem alt geworden. Nach wie vor hielt es aber fest zu seinem Fürsten, wenngleich es sich manchmal fragte, ob sich der Regent in all den Kriegswirren auch auf die rechte Seite geschlagen hätte. Sein Haar war inzwischen grau geworden, und der Bart hing ihm weiß und spitz bis zur Brust hinunter. Petermännchens Freunde, die Soldaten von ehedem, waren längst allesamt fort. Sie kämpften irgendwo auf fremden Schlachtfeldern, oder sie waren tot.

Eine Heerschar fremdländischer Landsknechte, rauhbeinige Hellebardenträger und Musketiere beherrschten mit wirrem Sprachgemisch und rüden Sitten nun den Umkreis um die Schloßmauern, aber auch den geschützten Hof und vor allem die wichtigsten Postenstände im Inneren des Hauses. Und dabei taten sie ganz so, als ob sie hier die Herren wären. Petermännchen als lächerlich kleiner Gnom und einer, der zweifelsfrei zum Schloß gehörte, fand überall Durchschlupf und Zutritt. Und wo es ihm riskant zu sein schien, da machte es sich einfach unsichtbar und stolzierte an den Wachen vorbei.

Im fürstlichen Kabinett jagte eine Krisensitzung die andere, denn es fehlte an allem. Immer neue Rekruten mußten in den Dörfern ausgehoben werden. Die Bauernpferde wurden rigoros requiriert, Fourage rücksichtslos beschafft, und die noch verbliebenen Dorfleute wurden alle Augenblicke zum Bau von Wegen und Befestigungsanlagen zusammengetrieben. Und vor allem fehlte es an Geld. Immer neue Steuern mußten her, damit die gewaltige Kriegsmaschinerie sich weiterhin bewegen konnte, um zu kämpfen, zu marschieren, zu marodieren und Siege zu erringen. Oftmals wandelten sich die Siege unversehens in verzweifelte Niederlagen um, denn in letzter Zeit wurden die Söldnerhaufen, auf die der Fürst seine ganze Hoffnung gesetzt hatte, vielerorts in mancherlei Schlachten und Scharmützeln arg gebeutelt.

Petermännchen, brav und still auf einem Tonkrug in der Ecke sitzend, war unbemerkt bei allen Sitzungen des Hohen Rates zugegen. Es wollte nichts anderes, als über die Lage im Lande im Bilde sein. Auf diese Weise wurde es eines Tages Zeuge, wie der fürstliche Kämmerer eine neue Naturalsteuer für die Dörfer Pinnow, Godern, Gädebehn und umliegende Ortschaften anordnete. Da bekam es einen tüchtigen Schreck, denn es wußte, daß die Bauern, Büdner und überhaupt alle Leute dieser Gegend ohnehin schon bis aufs äußerste ausgesogen waren.

Da machte Petermännchen sich auf den Weg und schritt durch den langen Gang unter dem Schweriner und dem Pinnower See hindurch zurück zu seiner alten Heimstatt, dem Petersberg. Als es schließlich im Inneren des Berges ankam, fand es sich allein darin wieder, denn sein ganzes Volk, das wußte es aber schon, war vor geraumer Zeit außer Landes geflohen. Bootsweise hatte es sich von einem Fischer über die Stör setzen lassen, um das ungastliche Mecklenburg zu verlassen. Er war mit seiner Pflicht allein zurückgeblieben. Petermännchen schaute sich nun die

Wände der riesigen Höhlung an, den weiten Fußboden – und empfand alles um so kahler, da es doch um das einst so mannigfaltige Leben seiner Sippschaft hier wußte. Aber Gott sei Dank, sein Amboß befand sich noch am alten Platze.

Petermännchen ging zunächst ins Dorf hinüber, um sich einen Eindruck von den Auswirkungen der herzoglichen Naturalsteuer zu verschaffen. Und es kam im rechten Augenblick. Schon von weitem hörte es lautes Geschrei und verzweifelte Laute. Nähergekommen sah es dann, wie magere Kühe aus den Ställen gezerrt wurden; Ziegen drehte man sogar gleich auf dem Hof den Kopf um; mit blutigen Schwertern wurden Gänse flugs enthauptet und auf einen Haufen geworfen. Und die verschreckten Dorfbewohner standen in den Türen ihrer Hütten und schauten ohnmächtig den Schandtaten zu, sie flehten zu Gott um Erbarmen. Manche schrien vor Verzweiflung gräßlich auf, andere hingegen schlugen sich weinend die Hände vors Gesicht, weil sie solchen Anblick nicht länger ertragen konnten. „Wir werden ausgeraubt bis aufs Hemd!" riefen sie dem Petermännchen zu, als es vorsichtig die Leute ansprach. „Wir haben nichts mehr zu essen; wir wissen nicht mehr, wie wir noch weiter leben sollen ...!"

Da ging Petermännchen in größter Traurigkeit wieder zum Petersberg zurück. Es kannte all die guten Leute, und sein Herz litt bitterlich unter der Drangsal, die den braven Dorfleuten angetan wurde. In seiner Berghöhle angekommen, bat Petermännchen all seine heidnischen Götter um Gnade; und von seinem fernen Volk erflehte es Verständnis und Barmherzigkeit: Denn es hatte sich in den Sinn gesetzt, wenigstens die Bewohner von Pinnow von der fürchterlichen Steuerlast zu befreien. So kippte es unter größter Anstrengung seinen alten Amboß um und fand in einer Höhlung des schweren Eisensockels ein Holzkästchen wieder. Es hatte es in der guten alten Zeit auf Weisung der Ältesten mit Goldtalern gefüllt und heimlich darin versteckt. Nachdem Petermännchen das Kästchen geöffnet und dessen Inhalt auf Vollzähligkeit geprüft hatte, wuchtete es sich's auf die Schulter und ging wieder durch den langen Gang zum Schloß zurück. Mit dem Geld, das war sein entschiedener Vorsatz, wollte es die Bewohner von Pinnow von der Kriegssteuer freikaufen.

Vor dem Schlosse angekommen, rechnete Petermännchen sich aus, daß es wohl vierzig oder fünfzig Tore, Türen und mancherlei Pforten passieren müßte, bis es zum fürstlichen Kämmerer gelangte, und überall standen feindliche Wachposten. Nun hätte das Petermännchen sich ja im Handumdrehen unsichtbar machen können – nicht aber das Holzkästlein auf seiner Schulter. So beschloß es, einfach sichtbar zu bleiben und unbekümmert wie ein gewöhnlicher Schloßbewohner auf alltäglichem Wege die Wachen zu passieren. Doch weit gefehlt ...

Schon am ersten Tor hielten die rüden Landsknechte ihn auf, weil sie anscheinend Lunte rochen, und sie fragten barsch: „Was hast du denn da in der Kiste?" – Petermännchen antwortete brav, daß es die Steuern des Dorfes Pinnow zum allerobersten Fürstlichen Kämmerer darin trüge. Da grinsten die Kerle dreist, nahmen sich kurzerhand je einen Taler aus dem Kästchen und kommandierten barsch: „Passieren!" Nicht anders erging es ihm an der folgenden und allen weiteren Türen im Schlosse. Überall standen zwei Landsknechte, die sich mit je einem Taler bereicherten und das Petermännchen dann passieren ließen.

Endlich langte Petermännchen beim obersten Kämmerer des fürstlichen Kabinetts an. „Was hast du denn da in dem Kästchen?" fragte der. – „Ja, ich möchte das Dorf Pinnow von der neuen Naturalsteuer freikaufen. Da ist das Geld dafür drin." Und als der Kämmerer neugierig das Kästlein öffnete, lagen dort nur noch zwei einzelne

Taler auf dem hölzernen Boden. Der Kämmerer nahm die beiden Goldmünzen heraus, schaute sie lange an und sagte: „Und damit willst du das ganze Dorf freikaufen ...?“ Er konnte darüber nicht einmal lachen. Er schüttelte nur den Kopf, schob die beiden Münzen in seine Westentasche und winkte dem Petermännchen, den Raum zu verlassen; er habe Wichtigeres zu tun.

Petermännchen ging darauf in seiner Verzweiflung langsam wieder zum Dorf zurück. Wenn schon nicht mehr herausgesprungen war, so wollte es den Leuten dort wenigstens von seiner redlichen Absicht Mitteilung machen. So ging es geradenwegs zum Bürgermeister und berichtete ihm von seinem mißlungenen Vorhaben. Da brach der aber in ein so ungutes, schallendes Gelächter aus, daß es dem Petermännchen durch Mark und Bein ging: „Und du kleiner Kerl wolltest unser Dorf freikaufen? Hahahaha ...! Du lächerlicher Strunk? In diesem Krieg? In diesem Chaos? Hahahaha ...!“ Und er rief die Dorfleute zusammen und erklärte ihnen bitter, daß hier kein anderer vor ihnen stünde, als ihr Erlöser. „Dieser kleine Gnom, stellt euch das einmal vor, der hat eure Pferde und Ochsen und Hühner freikaufen wollen! Und auch eure Töchter und eure Ehre! Stellt euch das einmal vor! Aber es hat nicht geklappt! Er hatte nämlich nur zwei Taler! Zwei ganze Taler in der Kiste! Hahahaha ... !“ Da fielen sofort auch die anderen Dorfleute in das bittere Gelächter ein, und das Petermännchen hielt sich die Ohren zu und machte, daß es davonkam. Es war noch nie in seinem Leben so sehr verhöhnt worden ...

Petermännchens Sieg über Wallenstein

Wie eine Feuersbrunst verbreitete sich das Gerücht im ganzen Schlosse und versetzte jedermann, vom jüngsten Pagen über die gesamte Dienerschaft, die mittleren und höheren Beamten, bis hinauf zu den Hohen Räten und selbst zum Fürsten, in helle Aufregung – eine entsetzenerregende Botschaft, die alle zwar befürchtet, aber insgeheim doch für unmöglich gehalten hatten: „Wallenstein kommt!“ Seine Vorausabteilungen, so hieß es, wären nur eine knappe Tagesreise vom Schloß entfernt gesichtet worden; und er selbst, der gefürchtete General und Feind, rücke unaufhaltsam mit seiner gesamten Armee heran.

Ein Großteil der Beamten war bereits geflohen; und die Dienerschaft hastete gleich einem aufgeschreckten Hornissenschwarm durcheinander – der ganze Hofstaat war in hellem Aufbruch begriffen. Der Landsknechtshaufen vor den Stadtmauern war zu einem kleinen Häuflein zusammengeschrumpft, denn die meisten hatten sich schon davongemacht. Andere wieder sahen die Zeit für Plünderungen gekommen und trampelten mit ihren schweren Stiefeln ungehemmt durch Säle und Kemenaten, um an sich zu nehmen, was nicht niet- und nagelfest war. Die Schloßangestellte aller Chargen schlossen sich ihnen an. Im Handumdrehen war ein großes Chaos ausgebrochen, in dem ein jeder zum rücksichtslosen Räuber wurde.

In dieser Lage wurde Petermännchen zum Fürsten gerufen. Unverzüglich bei ihm angekommen, wurde es vom Regenten persönlich stehenden Fußes zum Hüter der Silberkammer ernannt. „Hier gibt es keinen ehrlichen Kerl mehr, das mußt du nun machen!“ Nachdem Petermännchen sich daraufhin eingehend mit den Restbeständen der einstmals ungeheuren Reichtümer in der Silberkammer vertraut gemacht hatte, bemerkte es bald einen Soldaten, welcher neugierig hereingekommen war und sich nun mit stiller Aufmerksamkeit in den Anblick einzelner noch vorhandener Prunkstücke versenkte. Petermännchen machte sich für eine Weile unsichtbar, um den Soldaten besser observieren zu können. Doch dieser stellte jedes Stück, selbst wenn er ein außergewöhnlich schönes in die Hände nahm, vorsichtig wieder an seinen Platz zurück. Nach einiger Zeit trat Petermännchen – nun sichtbar – neben den Soldaten und forderte ihn auf, sich doch etwas zu nehmen; der Feind würde ohnehin alles holen. Doch der Soldat lehnte verlegen ab. Petermännchen empfahl ihm daraufhin die wertvollsten Gegenstände, handgeschmiedetes Silberzierat mit kunstvoller Ornamentik, angefertigt von berühmten Meistern; es drängte sie ihm geradezu auf. Doch der Soldat legte aller Ermunterung entgegen seine Hände scheu auf den Rücken und antwortete: „Nee, das kann ich nicht nehmen. Das gehört mir nicht!"

Da marschierte das Petermännchen prompt zum Fürsten und berichtete ihm, es hätte einen ehrlichen Menschen gefunden; tatsächlich in all dem räuberischen Chaos einen ehrlichen Menschen! Und zwar einen Soldaten, der sich partout durch nichts bestechen lasse. Und es bat den Fürsten, den Mann für seine Ehrlichkeit mit zwei Barren Gold zu belohnen und ihn dann aus dem Solddienst zu entlassen, damit er für sein Gold ein Gut kaufen und an einem friedlichen Ort froh seiner Tage leben könne. – „Was? Ein ehrlicher Kerl?" rief der Fürst erstaunt aus. „Und den soll ich entlassen? Im Gegenteil!" ereiferte er sich. Wenn der Kerl denn tatsächlich so ehrlich wäre, dann würde er ihn nie und nimmer entlassen! „Der bleibt in meinen Diensten! Für alle Zeit!" entschied er prompt und beorderte den Soldaten, die Tür zur Silberkammer zu bewachen ...

Und dann war er da, Wallenstein, der legendäre Feldherr. Die letzten Flüchtigen hatten das Schloß noch gar nicht recht verlassen, da ritt er schon auf dem Hof ein: Ein

General, wie für diesen Beruf geboren! Doch was heißt hier schon ein „General"! Ein Mann wie aus einem Fels geschlagen stieg da vom Pferd. Andere Generäle liefen indessen dutzendweise wie Lakaien um ihn herum. Und aus seinen Augenwinkeln schienen Blitze zu sprühen, ja selbst aus den Knopflöchern seiner Uniform. Und wenn sein Blick dann wirklich einen einmal voll traf, dann fühlte der sich sogleich als ein Mann des Todes.

Petermännchen war unsichtbar beim Einzug Wallensteins auf dem Schloßhof zugegen. Und das nicht etwa als ein neugieriger Beobachter! Nein, als ein Feind! Denn seine Pflicht war es nach wie vor, dem Fürsten und seiner Familie die Treue zu wahren und im Schloß für Recht und Ordnung zu sorgen. Koste es, was es wolle. Der Fürst war zwar geflohen, ja. Aber Petermännchen fühlte sich nichtsdestotrotz weiterhin dazu berufen, das Schloß gegen jedweden Feind zu verteidigen. Dort stand er also, sein Feind! Und das unsichtbare Petermännchen bekam schon das Schlottern, allein wenn es dessen Stiefel betrachtete ...

Doch dann kam die Nacht. Wallenstein wählte sich ein Zimmer in einem seitlichen Flügel des Schlosses, bewacht von einem halben Dutzend Bewaffneter im Vorzimmer. Petermännchen aber gelang es, unsichtbar in das Ruhezimmer Wallensteins einzudringen. Dort wartete es ab, bis der Feldherr eingeschlafen war und es dessen erste Schnarchtöne vernahm. Dann begann es, im Zimmer einen Heidenspektakel zu veranstalten. Ja, es war so recht nach seinem Geschmack, seine Kräfte einmal ordentlich zur Entfaltung bringen zu können. Es stürzte den Tisch um, zertrümmerte mehrere Stühle auf dem Fußboden, riß Bilder mit schweren Goldrahmen von den Wänden, daß es allenthalben krachte und schepperte. Zwischenzeitlich hob es das Bett des Generals am Fußende an und stampfte es mehrmals hart auf die Dielen auf. – „Wache! Wache!"

schrie der aufgeschreckte General. Doch bis die verschlafene Wache endlich in den Raum drang, zerschmetterte Petermännchen noch den großen Spiegel, trat zwei Schranktüren entzwei und warf das Nachtgefäß des Generals mit Schwung durch das Fenster, um zuletzt Helm, Uniform und Stiefel des berühmten Feldherrn hinterdrein ins Freie zu schleudern. „Wache! Licht! Waaache ...!"

Als die verstörten Wachsoldaten schließlich das Licht angezündet hatten, sah Petermännchen, indem es nach wie vor unsichtbar blieb, statt des gefürchteten Generals einen ängstlichen alten Mann im Nachthemd auf der Bettkante sitzen, der vor lauter Furcht und Erregung am ganzen Leibe zitterte. „Wache! Bringen Sie mich hier raus! Bringen Sie mich sofort hier raus! Hier ist der Teufel drin!" Die Wachsoldaten ergriffen den angstschlotternden Mann dann von beiden Seiten, stützten ihn unter den Achseln und führten ihn vorsichtig den Gang entlang und zu einem anderen Zimmer des Schlosses, wo die Vorzimmerwache auf des Generals Befehl hin verdreifacht wurde, damit er endlich Ruhe finden könnte.

Das Petermännchen aber war inzwischen schon wieder unsichtbar in das neue Schlafgemach des Generals hineingehuscht. Dort wartete es wieder geduldig ab, bis der Feldherr eingeschlafen war und auch aus dem Vorzimmer ein vieltöniges Geschnarche ertönte. Da begann es mit seinem Spektakel aufs neue, aber diesmal noch um einiges gewalttätiger. In wenigen Augenblicken hatte es mit einem so ohrenbetäubenden Lärm das Zimmer demoliert, daß buchstäblich nichts mehr unzertrümmert blieb. Als die Wachsoldaten schlaftrunken hereingestürzt kamen, bot sich ihnen ein Anblick des Grauens. „Waaache!" rief der schlotternde Feldherr von der Bettkante her: „Augenblicklich die Pferde satteln!!! Und sofort weg von hier!!! Und immer zwanzig Mann zu meinem Schutz um mich herum! Das Schloß ist voll von tausend Teufeln!"

Als Wallenstein kurze Zeit später vom Hof preschte, jagte seine ganze Gefolgschaft in heller Auflösung mit ihm davon. Sie schlugen so heftig auf ihre Pferde ein, als könnte der Letzte in der fliehenden Schar noch vom Satan selbst ergriffen werden. Petermännchen aber stand allein auf dem Hof: Es hatte einen Sieg über den großen Feldherrn davongetragen!

Als es später die Treppen hinaufgestiegen war, lag sein Freund, der ehrliche Soldat, welcher die Silberkammer bewachen sollte, von neun Speeren durchbohrt mitten in der offenstehenden Tür tot vor ihm. Und die Silberkammer war bis auf den letzten Heller geplündert.

Der Fürst zog bald darauf mit Pomp und klingendem Spiel als großer Sieger wieder in das Schloß ein. Und mit ihm sämtliche Beamten und das ganze Hofgesinde. In den folgenden Tagen nahmen die Sieges- und Ruhmesfeierlichkeiten kein Ende. Nur das Petermännchen vergaß man bei alledem ganz. Wenn es einsam durch die Korridore schritt, war es wie ein Hindernis für die eifrig eilende Dienerschaft; und es lief Gefahr, bei seiner Kleinheit einfach umgerannt zu werden. Da beschloß es stillschweigend, sich unsichtbar zu machen und im wesentlichen auch unsichtbar zu bleiben. Nur bei ganz seltenen Gelegenheiten wollte es sich dann und wann einmal zeigen und es für immer so halten.

Seitdem lebte das Petermännchen im Schlosse, ohne daß jemand wußte, ob es überhaupt noch da war, oder ob statt seiner vielleicht nur ein Geist darin umherwandele. Petermännchen aber nahm seine Mission nach wie vor unbeirrt wahr, schritt durch die Gänge, war überall und nirgendswo – und überlebte auf diese Weise einen Fürsten nach dem anderen. Dabei diente es seinem Vermächtnis – gleichgültig, ob es den jeweiligen Herrscher persönlich mochte oder nicht. Denn natürlich gab es sehr verschiedene Charaktere unter den Erbfolgern. Und das Petermännchen hatte es sich zur Gewohnheit gemacht, jeden einzelnen vor dem Spiegel zu beobachten, wenn er sich darin betrachtete. Manchem, so schien ihm, war der Perückenpuder das wichtigste am ganzen Manne, anderen der aufgezwirbelte Schnurrbart; und wiederum anderen ein einstudiertes Augenzwinkern, womit man Frauen betören kann. So beobachtete Petermännchen die Dynasten aller Fürstengenerationen. Und nur selten gab es einen, der sich da im Spiegel mit männlichem Ernst in die Augen sah und sich befragte: Bist du noch der, der du einmal warst? Hast du noch nichts von deiner Rechtschaffenheit verloren?

Übrigens ist es ziemlich umstritten, ob das Petermännchen heute noch im Schlosse lebt oder nicht. Manche halten eine solche Möglichkeit für äußerst lächerlich und winken leichthin ab. Das Regieren, sagen sie, hätten sie selbst fest im Griff. Dazu benötigten sie keinen Spukgeist. Andere, die seinen Auftrag verstanden haben, sind durchaus geneigt, sein unsichtbares Dasein weiterhin zu akzeptieren, wenn auch ohne jegliche Bedeutung. Nun kann verständlicherweise kein neuer Schloßherr, wenn er in den Spiegel schaut, erkennen, ob er dabei unbemerkt von einem ernsten kleinen Männlein beobachtet wird. Was aber durchaus passieren könnte, wäre ein kleiner Aufruhr unter den Chauffeuren des Dienstwagenparks, wenn der Fahrer des obersten Schloßherrn unvermittelt eine schallende Ohrfeige erhält, so daß er sich davon dreimal um sich selbst dreht. Weil nämlich der Lack seines Wagens nicht ordentlich poliert oder der Luftdruck in den Reifen zu gering ist, wie man dann bei genauerer Betrachtung feststellen kann ...

Die Ünnerierdschen verlassen Mecklenburg

Der Abzug der Ünnerierdschen von Dömitz

Wie wir inzwischen schon erfahren haben, waren die Ünnerierdschen Heiden, und sie konnten unbekümmert in den Tag hinein leben, solange die damaligen Bewohner der mecklenburgischen Landstriche ihren alten Gottheiten dienten. Denn zweifelsohne waren die Ünnerierdschen die weitaus Schwächeren neben den Menschen und von ihnen manchmal sogar unmittelbar abängig. Sei es auch nur als ein Versäumnis zu betrachten, oder war es die einfache Genügsamkeit des mecklenburgischen Menschenschlags: Sie hatten es jedenfalls so eingerichtet, daß sie zwar auf Erden und im Himmel für Vorfälle jeglicher Art ihre alten Götter zuständig machten – zum Beispiel für Ernte- und Geburtenfreuden, für Pferdekrankheit, Blitz und Hagelschlag –, den Bereich unter der Erde aber – und somit versehentlich wohl auch jenen bei den Kellern – hatten sie gänzlich den Kleinen überlassen. Dort führten die Ünnerierdschen das Regiment, denn dort gab es keine Götter. Und so herrschte in der Regel über lange Zeit ein verträgliches Auskommen zwischen beiden – wozu verständlicherweise auch die Reibereien und die gegenseitigen Sticheleien gehörten.

Schwierig wurde die Lage für die Ünnerierdschen erst, als bei den Menschen das Christentum Einzug hielt. Und wie jede Neuheit sich zunächst mit einem anfänglichen Übereifer einführt, so geschah es auch hier. Die Priester verlangten von den neugetauften Frauen und Männern ein Äußerstes an göttlichem Gehorsam und religiöser Beflissenheit ab. Dazu gehörte auch, daß sie nun das Kreuz über allem Eßbaren schlagen sollten, vor allem über Brot. Und die Neugläubigen erhofften sich göttlichen Segen davon. Ja, sie schlugen das Kreuz schon über den heranreifenden Ackerfrüchten – und nicht zuletzt auch über ihren Kellern, mit all den Vorräten darin, die sie zum täglichen Leben brauchten.

Da waren die Ünnerierdschen schlecht dran; denn als überkommene Heiden und aufrechte Kerlchen konnten sie nun nichts mehr davon essen. Es war am Ende nichts mehr in den Kellern unterhalb der Städte oder in den ländlichen Vorratskammern, wovon sie sich noch ernähren konnten. So liefen sie Gefahr, daß ihr ganzes Volk Hungers sterben würde, wenn sie nicht etwas Entscheidendes unternähmen. Da beschlossen sie auszuwandern ...

In dieser Zeit konnte man an den Grenzen Mecklenburgs große Unruhe beobachten. Und wer sich mit einer besonderen Salbe eingerieben hatte, wie jene Hebamme, oder wer über einen Ünnerierdschenhut verfügte, wie der Feldhüter von Kuhstorf, der konnte es auch mit eigenen Augen sehen: Ünnerierdschensippen und ganze Völkerschaften waren von weither aus dem Landesinneren gekommen und vereinigten sich nun zu schier unendlichen Flüchtlingszügen, die ihren Weg über die Grenzen hinaus in fremde Länder antraten. Allmorgendlich entdeckte man breite Schneisen, die über Ackerflächen getreten waren – hier und da lagen schadhafte Stiefelchen, zerschlissene Jäckchen oder andere Dinge, welche den müden Flüchtlingen auf ihrem langen Marsch unnütz geworden waren. Und wo ihnen Flüsse den Weg versperrten, da hatten die Fährleute alle Hände voll zu tun, um die unzähligen unsichtbaren Passagiere ans andere Ufer zu rudern.

So kam eines Tages ein kleines Männchen zu einem Fährmann in Malchow und handelte mit ihm drei Überfahrten aus. Zum Erstaunen des Fährmannes ging seine Fähre aber jedesmal so tief, daß sie sich beinahe mit Wasser füllte, obwohl doch nur das eine Männlein im großen Boot zu sehen war. Am Ende bedankte sich das Männchen beim Fährmann mit gutem Lohn. Daraufhin befragt, was das ganze zu bedeuten hätte, erklärte das Männlein: „Wir müssen nun von hier fortziehen. Das Evangelium ist uns zur Strapaze geworden ..."

Ein anderes Völkchen hatte sich entschieden, zum fernen Lappland auszuwandern. Doch in Bezug auf die Himmelsrichtungen gänzlich unkundig, hatte es sich von Göhlen aus auf den Weg gemacht und stand nach langem Marsch nicht etwa an der Ostsee, sondern nichtsahnend bei Dömitz an der Elbe. Das Wasser war breit genug, und was letztlich dahinter lag, das war den erschöpften Wanderern egal. Sicher war es dort allemal besser als in ihrer angestammten Heimat, welche sich nunmehr so undankbar gegen sie erwies.

Der Fährmann von Dömitz kalfaterte gerade seinen schweren Kahn mit Hanf und Teer, als ein kleines Männlein auf ihn zutrat und ihn bat, er möge es die ganze Nacht lang hin und her über das Wasser fahren, sooft seine Arme es nur erlaubten. Der Fährmann legte sein Werkzeug daraufhin zur Seite und wunderte sich über den seltsamen Wunsch, doch versprach das Männchen guten Lohn, und so fragte er nicht weiter. Als aber gleich beim ersten Ablegen der Kahn so tief sackte, daß dem braven Manne die Haare zu Berge stiegen, da wußte er den Umstand wohl zu deuten. Denn als einer, der es hier für gewöhnlich mit Reisenden zu tun hatte, war ihm schon zu Ohren gekommen, daß die Ünnerierdschen allenthalben im Aufbruch wären. Das Rudern des tiefgehenden Kahnes fiel ihm dann auch reichlich schwer. Und so nahm er auf halbem Wege sein Stullenpaket aus der Jackentasche und legte es neben sich auf die Bank; zur Stärkung wollte er einen Bissen davon nehmen. Doch als er nach einigen Ruderschlägen einhielt und nach dem Paket griff, da war es fort. „Schiffer, guck nach hinten, und dreh dich nicht um!" gebot ihm das Männlein mit strikter Stimme. Darauf legte der Fährmann sich wieder ins Zeug und handhabte die schweren Riemen weiter.

Nach der Rücktour wieder an seinem Liegeplatz angekommen, band der Fährmann sein Boot fest und ging für einen Moment zu seinem Haus hinüber. „Back mal ordentlich Brot!“ trug er seiner Frau auf. „So viel, wie du nur kannst! Und nimm dazu nur Mehl und Sauerteig, wo noch kein Kreuz drüber geschlagen wurde!“

Bei jeder Überfahrt legte der Fährmann ein frisch gebackenes Brot hinter sich, bevor er die Riemen aufnahm, um seinen Kahn hinüberzurudern. „Ist da ’n Kreuz drüber gemacht?“ fragte das Männchen jedesmal, und der Fährmann antwortete: „Nein, das hat meine Frau auf die alte Art gebacken!“ – woraufhin sogleich eine spürbare Bewegung mit Getuschel und Gezerre hinter ihm einsetzte. Und wenn er sich dann wenig später einmal umschaute, war das Brot fort. So ging es die ganze Nacht.

Als dann der Morgen graute und der Fährmann drüben zum letzten Mal festgemacht hatte, fragte das Männlein ihn: „Weißt du eigentlich, wen du da gefahren hast?“ – „Nee“, antwortete der Fährmann hinterhältig. „Ich denke, ich hätte dich gerudert.“ – „Dann guck mir mal unterm Arm durch!“ forderte das Männchen ihn auf. Weil es nun aber so klein war und der Fährmann sich schlecht so tief bücken mochte, nahm er das Kerlchen einfach hoch und stellte es auf einen Poller. Dort stützte das Männlein seine Hände in die Hüften, und der Fährmann schaute neugierig hindurch. Da sah er nun, wie die ganze Straße, die von der Anlegestelle fort ins Hannoversche Land führte, von lauter davonziehenden Ünnerierdschen nur so wimmelte. „Zieht ihr nun alle weg?“ fragte der Fährmann bestürzt. – „Ja, alle.“ – „Das ist ja wirklich schade“, erwiderte der Fährmann. „Und kommt ihr bald wieder zurück?“ – „Nee. Zurück kommen wir nicht wieder.“ – „Nie mehr?“ – „Vielleicht in tausend Jahren ...“

Ein Abtrünniger in den Poeler Wällen

Es war in der Zeit der großen Hungersnot unter den Ünnerierdschen, als sie dem Hungertod nur durch Auswandern entgehen konnten, da fiel es manch einem von ihnen schwer, der angestammten mecklenburgischen Heimat ade zu sagen, und sich in unsichtbaren Trecks auf und davon zu machen.

Da war unter ihnen einer – er fiel den anderen zunächst weder durch Schweigsamkeit noch durch scheele Blicke auf – , der hatte für sich beschlossen, sich heimlich von seinem Volke abzusetzen. Er wollte, koste es was es wolle, notfalls ins Christentum hinüberwechseln, und hier zu bleiben und den Segen der reichen Keller und fetten Vorratskammern weiter genießen zu können. So entfernte er sich unbemerkt von den Seinen und versteckte sich in den unterirdischen Gängen, die damals die Poeler Kirche in Kirchdorf umgaben. Von ihnen wußte er, daß sie nicht den Ünnerierdschen gehörten. Dort war er sicher. Und dort war er auch der Kirche nahe.

Doch wie nun weiter? Einmal dort angekommen, bedachte er sich, daß er nun notwendigerweise wie ein anscheinend kleingewachsener Mensch vor den Priester werde treten müssen und um die heilige Taufe bitten. Der aber könnte mißtrauisch werden angesichts seiner sehr kleinen Gestalt und des kantigen Schädels. So beschloß er, sich gut zu präparieren und die christliche Lehre zu erlernen, um dem Priester dann als kundiger Christ gegenüberzustehen. Wie aber sollte er das anstellen, allein wie er war, und ohne Hilfe?

Da half ihm ein Zufall. Eines Tages betraten zwei Kinder, ein Junge und ein Mädchen, neugierig das Gewölbe, um es zu erkunden. Als sie nun eine Wegstrecke darin gegangen waren, dann aber den Ausgang nicht wiederfanden, riefen sie voller Furcht laut um Hilfe. Da gesellte sich der Ünnerierdsche zu ihnen. Er lächelte sie freundlich an und fragte, ob sie in ihrer ganzen Not wohl auch das Vaterunser hersagen könnten. Das Mädchen bejahte dies erleichtert. Der Knabe aber, sosehr er sich auch mühte, er brachte keine zwei Zeilen zustande. Da wies der Ünnerierdsche das Mädchen an, es solle einen Moment warten. Er nahm den Knaben bei der Hand und führte ihn durch das Labyrinth von Gängen hinaus ins Freie. Zurückgekehrt eröffnete er dem Mädchen dann, daß es solange bei ihm bleiben müsse, bis es ihm das Vaterunser beigebracht hätte.

Das Mädchen jedoch weigerte sich. Sei es, daß es sich gänzlich störrisch zeigte, oder sei es, daß es vielleicht über anfängliche Versuche nicht hinauskam, weil die christlichen Verse im Schädel des häßlichen Gnomen partout nicht haften bleiben wollten und es sich deswegen zuletzt einfach sperrte, noch weiterzumachen ... Wie auch immer! Es verging ein Jahr, es vergingen sieben Jahre, und es verging ein Menschenalter. Das Mädchen aber ist nie wieder bei den Seinen aufgetaucht. Und der Priester von der Poeler Kirche hat sich nicht entsinnen können, daß jemals ein Kerl, nicht größer als ein Stiefelschaft, vor seinen Altar getreten wäre, um um die heilige Taufe zu bitten. –

Statt dessen weiß man zu berichten, daß später eine alte Hexe in dem Gewölbe gehaust haben soll, die einen kleinen schwarzen Pudel in ihren Händen filzte ...

Die zwei Mütter

In der Zeit des allgemeinen Aufbruchs der Ünnerierdschen brachte eine junge Bauersfrau ein Kind zur Welt. Und weil sie von der üblen Neigung des Zwergenvolkes wußte, mit Vorliebe Neugeborene zu stehlen, stellte sie zum Schutz ihres Bübleins eine brennende Kerze neben der Wiege auf. Doch schon am dritten Tage, als sie die Kammer für Augenblicke verlassen hatte und sie kurz darauf wieder betrat, stand eine zweite Kerze neben der ihren. Als die Frau, Schlimmes ahnend, sogleich in die Wiege schaute, fand sie ihre Befürchtung auf das Schrecklichste bestätigt. Denn anstelle ihres Bübleins lag nun ein häßlicher Winzling in der Wiege, ein Wesen mit dünnen Gliedern und Altfrauenaugen, wie junge Äffchen sie manchmal haben.

Die Frau war dermaßen bestürzt und vom Kummer betroffen, darüberhinaus aber auch von der Häßlichkeit der fremden Kreatur so angeekelt , daß sie beschloß, den widerwärtigen Winzling nicht zu versorgen und ihn einfach seinem Schicksal zu überlassen. Mühsam raffte sie sich daraufhin auf und versuchte, ihr angeschlagenes Seelenheil wiederzufinden, indem sie ihren täglichen Pflichten nachging.

Als sie nun die Küche betrat und bald darauf Wasser in den Braukessel trug, um darin Bier zu brauen, schwamm, als sie gerade den letzten Eimer in den Kessel gießen wollte, eine große Kröte darin herum. Die Frau erschrak darauf nicht wenig. „Was willst du Scheusal hier!“ rief sie entsetzt aus. Zu ihrer Überraschung aber zeigte es sich, daß die Kröte reden konnte. Mit einer feinen, wehmütigen Stimme wandte sie sich an die Bäuerin und bat sie, sie möge ihr nichts antun, denn sie hätte ohnehin schon genug gelitten. – „Warum denn das?“ fragte die Frau empört. Da gestand die Kröte ihr, sie wäre niemand anders, als die Mutter jenes Winzlings in der Wiege. Sie habe ihre angestammte unterirdische Heimat verlassen müssen und wäre auf der Flucht im Kuhstall unter der Krippe niedergekommen – denn dort, das wisse die Bäuerin vielleicht nicht, ginge ein Ünnerierdschengang hindurch. – „Und warum hast du mir mein Kind gestohlen?“ fragte die Bäuerin heftig zurück. „Mir schmerzt mein Herz davon so sehr, daß ich es gar nicht aushalten kann!“ – Ihr Ünnerierdschensäugling wäre so schwach und zart, erwiderte darauf die Kröte, daß er die lange Flucht gewiß nicht überleben würde. Und so hätte sie aus lauter Liebe zu ihrem Würmchen die beiden Kinder ausgetauscht. Das Büblein der Bäuerin nämlich wäre kräftig und gesund genug, es würde die Flucht sicher gut überdauern.

„Was hast du denn verbrochen, daß du flüchten mußt?“ fragte die Bäuerin. – „Oh, nichts weiter.“ Nicht nur sie allein wäre auf der Flucht, antwortete darauf die Kröte. Das ganze Ünnerierdschenvolk sei gegenwärtig unterwegs, um das Land zu verlassen. Hunger und böse Nachstellungen der Menschen hätten sie vertrieben. Und es sollten Wagen aufkommen, die sich von allein vorwärts bewegten. Wenn die dann durch die Straßen führen, würden ihre Gänge allesamt einbrechen und zunichte gemacht werden. So zögen sie nun also fort, „ ... aber nach tausend Jahren kommen wir wieder.“ – „Und mein Söhnchen nehmt ihr einfach mit?“ jammerte die Bäuerin darauf. – Es schmerze sie ja selbst in der Seele sehr, antwortete die Kröte; sie leide zutiefst mit ihr. Denn auch sie müsse ja ihr Kindlein hergeben, indem sie es hier zurückließ. – „Aber mein Sohn ist doch viel zu groß für die Flucht. Ihr könnt ihn gar nicht tragen!“ bat die Bäuerin verzweifelt. Da blies die Kröte ihre Bäckchen einmal ganz dick auf; das sollte wohl meinen, sie wisse auch nicht weiter. „Das ist nun mal so“, sagte sie nur und versprach: „Aber ich werde immer gut zu deinem Jungen sein ..." Daraufhin bat sie die Bäuerin um ein gleiches für ihren Winzling; das würde ihren Mutterschmerz ein wenig lindern. „Nun muß ich mich aber verabschieden und mich auf den Weg machen", schloß sie. „Meine Sippschaft will weiterziehen." Im Garten nämlich, fuhr sie dann erklärend fort – wenn die Bäuerin nachschaute, würde sie ihn leicht finden –, wäre ein neuer Maulwurfshaufen. Daraus strömten augenblicklich die Ünnerierdschen in ganzen Scharen hervor und mit ihnen auch ihre eigene kleine Sippschaft. Sie nähmen ihren Weg dann auf ebener Erde weiter. Noch warteten die Ihren auf sie, doch nun müsse sie sich sputen. Und dann gab sie der Bäuerin noch schnell ein paar Ratschläge, wie sie ihren Winzling behandeln möge. So solle sie fürs erste in der Nacht mit einem silbernen Fingerhut zu dem großen Haselnußbusch im Garten gehen. Dort wäre eine Quelle. Den Fingerhut voll Wasser solle sie ihrem Söhnlein zu trinken geben. Ja, und den Fingerhut selbst finde sie zuvor in der Wiege unter den Kissen ... – „Wie willst du nur den langen Weg schaffen, wo du doch ein Frosch bist?" fragte darauf die Bäuerin. Da bedeutete die Kröte ihr, sie solle den Braukessel wieder entleeren. Und um das letzte Wasser aufzunehmen, solle sie das Taschentuch nehmen, welches sie bei ihrer Trauung bei sich getragen hätte.

Als die Bäuerin den Kessel dann geleert und die Neige mit ihrem Hochzeitsschnupftuch fortgewischt hatte, stand da plötzlich anstelle der Kröte eine hübsche kleine Frau wie eine Puppe auf dem Kesselgrund. „Nun müssen wir aber voneinander Abschied nehmen, wir zwei Mütter", sagte das zierliche Wesen mit feinem Stimmchen. „Ich würde dich ja gern umarmen. Aber du darfst mich nicht anfassen." – „Ist ja gut. Das macht ja auch nichts", tröstete die Bäuerin sie. „Nur wie kommst du da nun raus, wenn ich dich nicht anfassen soll?" – Da wies das kleine Ünnerierdschenfrauchen an, die Bäuerin möge das Taschentuch nun so über den Kesselrand legen, daß ein Zipfel wie im Dreieck nach innen reiche und ein anderer nach außen. Das tat die Bäuerin dann auch, und so ist das kleine Wesen am Taschentuch aus dem Kessel geklettert; und als es den Kesselrand überstiegen hatte, ist es unversehens aus dem Gatloch nach draußen gekrochen und war im Handumdrehen verschwunden.

Die Bäuerin fand nun auch den Fingerhut in der Wiege und ging damit nachts im hellen Mondenschein in den Garten hinaus, um von der Quelle beim Haselnußstrauch für den fremden Winzling Wasser zu holen. Da entdeckte sie plötzlich den neuen Maulwurfshaufen zu ihren Füßen; er war recht groß und mit einem runden Loch oben in der Mitte versehen. Sie wäre fast über ihn gestolpert. Und von dem Maulwurfshaufen fort führten schmale, ausgetretene Pfade zur Quelle hin. Als die Bäuerin sich verwundert umschaute, sah sie rings um sich her lauter kleine Gestalten, alle mit vielerlei Bündeln und kleinem Gepäck beladen. Manche lagerten noch, während andere schon unentwegt weitermarschierten. Und aus einer abziehenden Schar heraus winkte ihr von weiter her das zarte Frauchen zu, welches sie vorhin gerade erst verlassen hatte. Die Bäuerin wollte zurückwinken, doch da war die kleine Person schon im Gedränge verschwunden.

Hierauf füllte die Frau den Fingerhut mit dem Quellwasser und begab sich wieder ins Haus hinein. Vor der Kammertür angekommen, hielt sie noch einmal inne; denn sie wußte, wollte sie nun an das kleine Wesen herantreten und es mit den Händen berühren und tränken, dann mußte sie sich dazu erst überwinden. Endlich gab sie sich einen Ruck und tat gewissenhaft, was die kleine Frau ihr aufgetragen hatte. Als der häßliche Winzling sie dann mit seinen großen Äffchenaugen anschaute, sagte sie: „Ist ja man gut, mein kleines Scheißerchen. Ich soll dich von deiner Mutter schön grüßen. Du bleibst nun bei mir. Und ich will auch immer gut zu dir sein." Damit tränkte sie ihn und bettete ihn ordentlich in den Kissen.

Als die Frau am anderen Morgen aber die Kammer betrat, lag da ihr eigenes Söhnchen fröhlich lachend in der Wiege und hielt ihr die Ärmchen entgegen; der Ünnerierdschenwinzling aber war verschwunden. Da war die Bäuerin überglücklich, doch fragte sich sich, was wohl geschehen sein mochte ...

Die Jahre vergingen, und die Bäuerin erfreute sich alle Zeit bester Gesundheit. Ihr Söhnchen wuchs indessen heran und entwickelte sich zu einem prächtigen Jüngling. Und alle Jahre wieder lag am Tage seines Wiegenfestes aus Gründen, die niemand zu deuten wußte, eine winzig kleine Silbermünze draußen auf der Türschwelle. Allein die Bäuerin hatte da so eine Ahnung. Doch sie schwieg dazu. Denn so fröhlich ihr auch zumute war, so trauerte sie doch im stillen um das Schicksal jener anderen Mutter.

Der ewige Angler vom Rostocker Kabutzenhof

Am Rostocker Kabutzenhof stand einmal auf den schwarzen Ufersteinen der Warnow ein kleines Männlein und angelte. Gleich neben ihm stand ein Junge in kurzen Hosen und tat desgleichen.

Während das Männchen nun ein kleines silbriges Fischlein nach dem anderen aus dem Wasser zog, ging der Knabe auf die größeren Fische aus und hatte weniger Glück. „Das ist heute nichts. Die beißen einfach nicht“, begann er nach einer Weile das Gespräch. – Oh, das hätte sein Vater auch immer gesagt, und dann hätten sie doch noch allemal gebissen, antwortete das Männlein darauf und winkte lächelnd ab. – Ob es denn seinen Vater kenne, fragte der Junge daraufhin. Er wäre der Bürgermeister der Stadt und sitze im Rathaus! – Er kenne seinen Vater, und er kenne auch seinen Großvater, erwiderte das Männchen. Sie hätten hier neben ihm auf den Steinen gestanden und geangelt, nicht anders als jetzt er, der Knabe; und sie hätten eben so kurze Kniehosen getragen wie er. Der Großvater, fuhr das Männchen dann fort, hätte mal einen Hecht gefangen, der wäre sooo lang gewesen – und es reckte seine Ärmchen nach beiden Seiten aus und konnte anscheinend noch immer nicht die Länge des kapitalen Fisches erreichen. – Sein Großvater wäre aber ein Ratsherr gewesen, bemerkte das Bürschlein daraufhin mit einigem Stolz. – Auch das wisse er, sagte das Männlein; aber vorher als Knabe hätte er hier ebenso geangelt, wie jetzt er, der Junge. Und ja, er hätte rotes Haar gehabt, erinnerte es sich. Und dessen Vater wiederum wäre sehr geschickt beim Aalstechen gewesen. – Ob er den denn auch gekannt habe, fragte der Junge erstaunt. – Oh, er kenne sogar noch dessen Vater und Großvater, lächelte das Männlein, er habe sie alle hier beim Angeln kennengelernt. – „Wie lange stehst du denn schon hier am Ufer?“ wunderte sich der Knabe. – „Ich? Ich stehe schon immer hier ...“ – Dann wäre er ja schon mächtig alt! staunte der Bursche. „Wie alt bist du denn?“ – Ja, das wisse er nicht, antwortete das Männchen und zog einen nächsten Fisch aus dem Wasser. Ünnerierdsche hätten kein Alter. Die lebten immer. – Wenn er ein Ünnerierdscher sei – warum stehe er dann hier und angle? – Nun, er müsse seine Leute versorgen, gab das Männlein daraufhin Bescheid. Die hätten oft nichts zu essen. „Viele Menschen wollen jetzt Christen werden“, fuhr es fort. „Deshalb schlagen sie fleißig das Kreuz über Mehl und Erbsen und allen Vorräten in ihren Kellern. Dann können wir aber nichts mehr davon essen. Aber so ein Fisch, wenn ich ihn aus dem Wasser ziehe – da hat noch keiner sein Kreuz drüber gemacht. Den können wir essen.“

Nach dieser Rede bemerkte das Männchen ein großes ehrliches Erstaunen auf dem Gesicht des Bürschleins, das aber bald in heftigen Zorn überging. „Und so etwas tun die Menschen?“ fragte der Knabe empört. – „Je, nun. Was machen Menschen nicht alles!“ antwortete das Männlein beschwichtigend. – „Kannst du mir das auch wirklich zeigen?“ verlangte der Junge aber, ernstlich erregt. – „Das kann ich wohl. Wenn du es unbedingt mit eigenen Augen sehen willst ... ?“

Darauf holten beide ihre Angeln ein, und der Bursche kippte auch noch zwei stattliche Brachsen, die er gefangen hatte, in das Eimerchen des Ünnerierdschen.

Als sie schließlich den unterirdischen Gang am Kabutzenhof betraten, staunte der Knabe nicht wenig. Es war ein Erdstollen, etwa zwei Ellen breit und drei Ellen hoch, sauber gegraben, doch mit kleinen Rieselstellen hier und da. Er schien unendlich lang, denn er verlor sich irgendwo vorn im Dunkeln. Das Bürschchen mußte sich ein wenig bücken, denn für seine Größe war der Gang nicht vorgesehen. „Und hier lebt ihr?“ fragte es erstaunt. – „Hier und überall“, gestand das Männlein. „Das sind sozusagen unsere Straßen unter der Stadt. Von hier aus kannst du bis zum Kuhtor gehen, wenn du willst, oder zum Gerberbruch oder zum Kanonsberg – wo du nur immer hin willst. Überall sind unsere Gänge unter der Stadt.“

Nachdem sie so eine Weile gegangen waren, hatten sie mehrere Kreuzungen überschritten. Mal gingen sie geradeaus im selben Gang weiter, mal wählten sie einen anderen Gang und wandten sich nach links oder nach rechts, gerade so, wie das Bürschlein es neugierig verlangte. Und sein kleiner Freund blieb immer mal stehen und erklärte ihm, welches Gebäude oder welche Straße der Stadt gerade über ihnen wäre. Mehrmals kamen ihnen andere Ünnerierdsche entgegen und drückten sich an ihnen vorbei. „N' Tag, Alter! Hast du wieder ordentlich was gefischt?“ Und der Kleine ließ sie in sein Eimerchen schauen, worauf sie zufrieden weitergingen.

Bald erreichten die beiden einen Keller. Darin saßen ringsum auf Fässern, Kisten und auf der Holztreppe etwa ein Dutzend Ünnerierdsche und nahmen fröhlich ihr Mahl ein. Sie hatten sich kleine Scheiben vom Schinken abgeschnitten, welcher von der Decke hing, oder ein Stücklein von der Mettwurst; andere hatten Säcke mit Erbsen, Roggen und Mehl ordentlich geöffnet, sie aßen das Korn gleich aus ihren Handtellern und leckten das Mehl mit der Zunge blank. Wieder andere aßen Salzgurken, ein Häppchen Sauerkraut zwischen den Fingern, oder sie leckten genießerisch Konfitüre von kleinen Tellerchen. Es ging fröhlich, aber gesittet zu, und der Junge fragte seinen kleinen Freund: „Hast du mich auch nicht angelogen?“ – Doch das Männlein lächelte darauf nur. Nein, nein, antwortete es. Dieses hier wäre das Haus eines Heidenmenschen, hier könnten sie sich noch beliebig bedienen. Aber immer mehr Keller in der Stadt würden Christen gehören, und dort könnten sie sich dann nichts mehr nehmen. „Du wirst sie gleich selbst sehen“, schloß es.

So gingen sie dann weiter, und tatsächlich erreichten sie bald ein aufs andere Mal traurige kleine Ünnerierdsche, die in Kellern mit Regalen saßen, welche reichlich mit Nahrungsmitteln gefüllt waren. Doch sie rührten davon nichts an und hockten nur still da und darbten mit hungrigen Augen. – Er wisse recht wohl, daß der Vater des Jungen, als der Bürgermeister der Stadt, auf ihrer Seite stünde, beschwichtigte das Männchen seinen Begleiter. „Aber die neuen Priester, die lassen nicht nach. Die treiben und schieben das Christentum da oben immer weiter voran.“

Angesichts der hungernden Ünnerierdschen empörte sich das Bürschchen dermaßen, daß es vor Wut sein Taschenmesser öffnete und die Säcke mit Mehl und Erbsen aufschlitzte. Und nicht nur das: Es zertrümmerte Tonkrüge mit Eiern und Pflaumenmus, kippte Heringsfässer um, daß die Lake den Fußboden überschwemmte, und schlug mit einem schweren Stein die Dauben von Bierfässern entzwei. Im Handumdrehen war das Chaos vollkommen. Und obgleich das Ünnerierdschenmännchen ihn an Rock und Hose zerrte und ihn inständig bat, damit doch endlich aufhören zu wollen, zog der Bursche unaufhaltsam seine zerstörerische Bahn und verwüstete auf diese Weise einen Keller nach dem anderen. Zuletzt forderte er seinen kleinen Begleiter gebieterisch auf, er möge ihn zum Kanonsberg führen.

Dort angekommen, drehte der Bursche in wildem Zorn eine Kanone um und richtete sie auf die große Petrikirche. „Denen werde ich's zeigen!“ rief er empört aus. – „Das darfst du aber nicht machen!“ bat das Männchen händeringend. Doch der ungestüme Knabe schob den hinderlichen Freund mit einer Handbewegung einfach zur Seite und lud das Geschütz wie ein kampfentschlossener

Kanonier. „Das ist ein Signal!“ trotzte er mit Entschiedenheit. Zuletzt legte er die Lunte an, und mit einem gewaltigen Geböller nahm das schwere Geschoß seine Bahn. In seiner Unerfahrenheit hatte der junge Aufrührer das Kanonenrohr aber zu hoch gerichtet. Und so flog die Eisenkugel im Bogen über das Dach der Kirche hinweg und klatschte ein ganzes Stück weiter, und von jedermann unbemerkt, irgendwo ins Wasser der Warnow ...

Viele Jahre später – der Knabe war inzwischen zu einem ansehnlichen Mann herangewachsen – wurde er in der Nachfolge seines Vaters zum neuen Bürgermeister der Stadt berufen. Und wie seit jeher, wie schon bei seinem Vater, Großvater und Urgroßvater, nutzte das Ünnerierdschenmännchen unsichtbar einen kleinen Augenblick, als die Tür zum Ratssitzungssaal offen stand, und spazierte in den Saal hinein. Dort saß es dann wie immer gänzlich unbemerkt am Ratsherrentisch und folgte aufmerksam dem Geschehen. Wenn es sich dabei einmal umschaute, dann war es bei weitem das älteste Mitglied in dieser Runde.

Aber wie eh und je, so folgte es auch diesmal sehr genau der Antrittsrede des neuen Bürgermeisters. So saß es also da und horchte – und währendessen zog es ihm das Herz zusammen. Denn was sich da vollzog, das hatte das Männchen schon längst vorausgeahnt: Nachdem der stattliche junge Amtsinhaber dem Bischof und den Priestern der Stadt unverbrüchliche Treue und entschiedene Hilfeleistung bei der Christianisierung der Einwohner zugesagt hatte, ließ er seine Faust hart auf den Tisch fallen und forderte alle Ratsherren auf, die Stadt von allem heidnischen Gesocks, vor allem aber von den gemeingefährlichen Ünnerierdschen zu befreien, die das ganze Stadtgebiet unterhöhlt hätten und ihm mit Einsturz drohten ... Da stand das kleine Männchen leise auf und verließ den Ratsherrensaal, unbemerkt wie immer. Bei den Seinen endlich angekommen, die schon mit gepackten Beuteln und Bündeln warteten, sagte das Männlein nur: „Tja, dann müssen wir wohl ... Es ist genau so gekommen, wie ich es befürchtet habe, seit ich ihn damals neben mir hab' angeln seh'n ...“

Die Ünnerierdschen verlassen Wismar

Betrübt ging eines Tages ein alter Schiffer im Wismarer Hafen entlang. Er hatte schon lange keine Fracht mehr gehabt und wußte nicht, wie er Weib und Kinder ernähren sollte. Nachdem er an einer Reihe mehrerer Schiffe vorübergeschlendert war, die wie seines leer angetäut an der Pier dümpelten und dann bei seinem anlangte, stand auf einmal ein ganz kleines Männchen vor ihm. Das hielt den Hut in der Hand und fragte ihn nach dem Grund seiner Traurigkeit. Ja, ihm ginge es nicht gut, insgesamt so und so, antwortete der Schiffer. Er wies dabei auf sein Schiff, welches ungenutzt neben ihnen lag, und erklärte seine Lage. Ob er denn auch Ballast laden würde, fragte das Männchen; und der Schiffer, erfreut, überhaupt eine Fracht zu bekommen, antwortete, ja, darüber ließe sich reden. Dann möge er abends nach Hause gehen, sich aber so einrichten, daß er am nächsten Tag ganz früh abfahren könne, wies das Männchen an.

Als der Schiffer am anderen Morgen noch vor Tagwerden bei seinem Schiff ankam, sah er, daß es schwer beladen war. Satt lag es im Wasser, und er wunderte sich, mit welchem Fleiß die Packer es über Nacht befrachtet hatten. Das Männchen empfing ihn wieder auf der Pier, es zog artig seinen Hut und sagte, daß alles in Ordnung wäre, es könne losgehen. – „Und wo willst du hin?" fragte der Schiffer. – Das würde er noch rechtzeitig erfahren, antwortete das Männchen; erst einmal nordwärts, und es wies mit dem Arm die Richtung. Das wollte dem Schiffer nicht recht gefallen, doch schwieg er, denn er wollte nichts verleiden – hatte er doch allemal eine gute Fracht. So stiegen sie dann beide auf das Schiff, die Knechte banden die Leinen los, und ab ging die Fahrt. Ein guter Wind legte sich straff in die Segel und trieb das Schiff flott voran. Der Kapitän stand nun im Ruderhaus und hielt den Kurs, und vor ihm auf dem Tisch turnte währenddessen das Männchen herum und kontrollierte ab und zu die Richtung. – Er hoffe doch, daß er seinen Lohn bekommen werde, mahnte der Schiffer, denn das ganze Unternehmen mutete ihn etwas merkwürdig an. – „Du kriegst deinen Lohn“, antwortete das Männchen, während es auf der Seekarte stehenblieb, um sogleich wieder weiter hin und her zu stolzieren und dem Manne dann und wann einmal mit dem Daumen eine leichte Kurskorrektur anzuweisen. – Sie hätten sich noch nicht über den Preis verständigt, begann der Schiffer aufs neue. – „Du kriegst einen guten Lohn!“ beschwichtigte das Männchen den Schiffer aber einmal mehr.

Mitten auf See fragte der Kleine plötzlich, ob der Schiffer wisse, was er geladen habe. – „Das weiß ich wohl!“ antwortete der Schiffer. „Das ist Ballast! Das merke ich dem Schiff an.“ – Dann möge er sich den Ballast doch einmal ansehen, forderte das Männlein ihn auf. Verwundert folgte der Schiffer daraufhin dem Kleinen übers Deck zur Luke und schaute in den Laderaum hinab. Da verschlug es ihm die Sprache: Der ganze Schiffsraum war voll von kleinen, ausgezehrten Gestalten, die nun allesamt zu ihm heraufschauten, als fürchteten sie um ihr Leben. „So ist das also“, murmelte der Schiffer vor sich hin, „so so.“

Wieder im Ruderhaus angekommen, erklärte der Kleine, er hätte kein Geld, um die Überfahrt zu bezahlen. – „Das habe ich mir schon so langsam gedacht“, sagte der Schiffer und schaute nach vorn auf das Wasser, wohin er mit den Händen am Ruder das Schiff vorwärtslenkte. – Tja, es wäre so und so – sie hätten ihr ganzes Silber und Gold an Menschen ausgegeben, um überleben zu können; und nun besäßen sie gar nichts mehr, erläuterte das Männlein. Es stülpte wie zum Beweis seine Taschen um. – „Ist ja schon gut“, sagte der Schiffer nur und blickte verärgert weiter am Kleinen vorbei.

Gegen Abend wies das Männchen dem Kapitän einen neuen Kurs. Und bald sahen sie Land; und das Schiff lief in einen Hafen, den der Schiffer nicht kannte. Dort gingen Schiffer und Knechte an Land, sobald sie das Schiff festgemacht hatten. Als sie dann anderntags wiederkamen, war das Schiff leer. Das ganze kleine Volk hatte es völlig verlassen. Nur hier und da fanden sie kleine Bekleidungsstücke, die die Ünnerierdschen beim eiligen Abmarsch verloren hatten. Der Schiffer dachte indessen an den Lohn, den er nicht bekommen hatte. Und nicht allein das! Denn auf seinem Großsegel entdeckte er ein Zeichen wie ein mißglücktes Dreieck, das ihm die frechen Luder darauf gemalt hatten! Sie hatten dazu den Teerpinsel genommen, und er wußte, er würde das Geschmiere nicht wieder entfernen können. So fühlte er sich ein ums andere Mal übers Ohr gehauen, zuckte darauf aber nur mit den Achseln und ließ ablegen.

Man erzählt aber, daß der Schiffer hernach, von dieser Reise an, keine Not mehr gelitten haben soll. Denn an Fracht hätte es ihm nie mehr gemangelt. In welchen Hafen er auch immer einlief, und gleichgültig, wieviele Schiffe dort lagen und auf Ladung warteten, er fand immer sogleich einen Liegeplatz. Und wie auf ein magisches Zeichen hin, wären die Händler und Kaufleute dann zur Pier gekommen und hätten von allen Schiffen immer erst seines für ihre Fracht übers Meer gewählt.

Der Schiffer aber dachte sich langsam seinen Teil. Und manchmal klopfte er mit seinem dicken Finger auf das hölzerne Ruder vor sich; dann wünschte er dem kleinen Volk, daß es ihm gutgehen möge in seiner neuen Heimat. Den Hafen aber, wo es sein Schiff verlassen hatte, – er hat ihn nie wieder gefunden ...

Kurt Biesalski

Von Feuerkugeln, Schätzen und Ungeheuern

Sagen aus Wismar und Umgebung

196 Seiten, gebunden
mit Schutzumschlag
Zeichnungen von
Britta Matthies
DM 19,80
ÖS 145,00
SFr 19,00
ISBN 3-356-00747-5

Reich ist er, der Schatz an Sagen aus Wismar und seiner Umgebung. Ob Prinzessinnen und Riesen, Hexen oder Unterirdische, das Ungetüm auf dem Schweriner See oder der Teufel in Neukloster – sie alle treiben ihren Spaß und manchmal auch ihr Unwesen. Kurt Biesalski und Britta Matthies, beide tief verwurzelt in der Wismarer Landschaft, verleihen den zwischen Kröpelin und Grevesmühlen, zwischen Sternberg, Wismar und der Insel Poel angesiedelten alten Sagen neuen poetischen Glanz und vergessen dabei nicht, daß sowohl Kinder als auch Erwachsene unterschiedlichen Alters ihrer Faszination auf gleiche Weise erliegen.

Ingrid Schmidt

Götter, Mythen und Bräuche von der Insel Rügen

152 Seiten, gebunden
mit Schutzumschlag
22 Farb- und
18 s/w-Abbildungen
DM 19,80
ÖS 145,00
SFr 19,00
ISBN 3-356-00720-3

Hexen und Dämonen, Riesen und Unnerierdsche, Wassergeister und Quellnymphen, die klangvollen Namen Swantevit, Rugievit, Porevit und Porenut regen immer wieder Historiker, Volkskundler, Lehrer, Sagenliebhaber und Touristen an, sich mit der Glaubenswelt und dem Brauchtum auf der Insel Rügen zu beschäftigen. Die Museumsdirektorin Ingrid Schmidt legt eine Zusammenschau vor, die sich ausführlich diesem Thema widmet. Fastnachtsbräuche werden vorgestellt, Riten bei Geburt, Hochzeit und Tod, es geht um „holde und unholde Geister in Haus und Hof", um die Muhme und den Hausgeist Puk, um Bernstein, Donnerkeil und Krötenstein.

Albert Burkhardt (Hrsg.)

Vineta – Sagen und Märchen vom Ostseestrand

382 Seiten mit
16 Illustrationen
von Erich Gürtzig
Leinen mit Schutzumschlag
DM 9,80
ÖS 72,00
SFr 9,80
ISBN 3-356-00329-1

Dieses Buch erschließt die Sagen- und Märchenwelt entlang der deutschen Ostseeküste. Der Leser unternimmt gleichsam eine literarische Wanderung von Usedom über Rügen, Stralsund, Barth, Darß und Fischland, Rostock, Wismar, Lübeck, Fehmarn, Wagrien, Probstei, Dänisch Wohld, die Schlei mit Schleswig bis nach Flensburg. Auch Sagen aus den anschließenden Landstrichen wie der Kühlung und der Holsteinischen Schweiz wurden aufgenommen und einige Seemannssagen angefügt. So zieht ein bunter Reigen von Sagen- und Märchenfiguren wie Wassermann, Feuerkönig, Klabautermann oder fliegender Holländer vorüber, aber auch von historischen Gestalten wie Störtebeker, Doktor Faust und Wallenstein.